Sanne Blauw
Der größte Bestseller
aller Zeiten
(mit diesem Titel)

SANNE BLAUW

DER GRÖSSTE
BESTSELLER
ALLER ZEITEN

(mit diesem Titel)

Wie Zahlen uns
in die Irre führen

Aus dem
Niederländischen
von Birgit Erdmann und
Ira Wilhelm

Deutsche Verlags-Anstalt

Die niederländische Ausgabe des Buches erschien 2018 unter dem Titel
*Het bestverkochte boek ooit (met deze titel). Hoe cijfers ons leiden, verleiden en
misleiden* bei De Correspondent, Amsterdam.

MIX
Papier aus verantwor-
tungsvollen Quellen
FSC® C014496

Verlagsgruppe Random House FSC® N001967

1. Auflage
Copyright © 2018 De Correspondent
Copyright © der deutschsprachigen Ausgabe 2019
Deutsche Verlags-Anstalt, München,
in der Verlagsgruppe Random House GmbH,
Neumarkter Straße 28, 81673 München
In Kooperation mit dem SPIEGEL-Verlag, Hamburg,
Ericusspitze 1, 20457 Hamburg
Umschlag: Thierry Wijnberg, Berlin
Umschlagmotiv: Harald Dunnink (Momkai), Leon Postma (De Correspondent)
Grafiken: Peter Palm, Berlin
Satz, Druck und Bindung: GGP Media GmbH, Pößneck
Printed in Germany
ISBN 978-3-421-04853-0

www.dva.de

Dieses Buch ist auch als E-Book erhältlich.

Für meine Mutter.

INHALT

VORWORT

Im Bann der Zahlen

Durch die Schiebetür betrat sie das staubige Büro und gab mir die Hand. »Juanita.«[1] Das große ausgeblichene Sweatshirt ließ sie kleiner wirken, als sie ohnehin war. Nachdem sie auf dem Klappstuhl gegenüber von mir Platz genommen hatte, erklärte ich ihr auf Spanisch, dass ich für eine niederländische Universität arbeitete und in Bolivien über Glück und Einkommensunterschiede forschte. Deshalb würde ich ihr gerne einige Fragen stellen, wie sie über ihr Leben und ihr Land denkt.

Wie oft ich diesen Spruch schon aufgesagt hatte. Seit zehn Tagen interviewte ich Einwohner der bolivianischen Kleinstadt Tarija nahe der argentinischen Grenze. Ich hatte mit Marktfrauen gesprochen, mit Erdbeerbauern Bier getrunken, mit Familien gegrillt – all das, um möglichst viele Daten zusammenzutragen. Heute hatte es mich mit meinen Fragebögen in das Büro einer Frauenorganisation verschlagen. Die Direktorin hatte mir angeboten, mich mit *empleadas domésticas*, mit Hausangestellten, in Kontakt zu bringen. Mit Frauen wie Juanita.

»Also, fangen wir an«, sagte ich. »Wie alt sind Sie?«

»58.«

»Welcher ethnischen Gruppe gehören Sie an?«

»Aymara.« Sieh mal an, dachte ich, sie gehört zu einer der indigenen Bevölkerungsgruppen. Bislang war ich von ihnen nur wenigen begegnet.

»Familienstand?«

»Ich lebe allein.«

»Können Sie lesen?«

»Nein.«

»Schreiben?«

»Nein.«

So ging ich meinen Fragebogen durch – Beruf? Bildungsstand? Besitzt sie ein Handy, einen Kühlschrank, einen Fernseher?

»Ich verdiene zweihundert Bolivianos im Monat«, sagte sie, als ich mich nach ihrem Gehalt erkundigte. Das war weit unter dem Mindestlohn von 815 Bolivianos, den Präsident Evo Morales vor kurzem eingeführt hatte. »Ich habe Angst, dass mich meine Chefin entlässt, wenn ich sie um mehr Geld bitte. Ich wohne in einem *carpita*.« Ich notierte das Wort, wusste aber nicht, was es bedeutete. Erst später begriff ich: Sie wohnte in einem Zelt.

Schließlich kamen wir zu dem Teil meiner Studie, um den es mir hauptsächlich ging: Glück und Einkommensungleichheit. An meinem Schreibtisch im elften Stock der Erasmus Universität Rotterdam hatte ich fünf PowerPoint-Diagramme erstellt. Jedes markierte eine andere Einkommensverteilung. Alle enthielten die gleiche Anzahl an Quadraten, mein Professor hatte mich das doppelt und dreifach überprüfen lassen.

Doch schon an meinem ersten Forschungstag in Bolivien wurde mir bewusst, dass die Frage nach Einkommensunterschieden nicht bei jedem funktionieren würde. Die Marktfrauen verstanden beispielsweise nicht, was meine Diagramme darstellen sollten. Wie konnte ich nun also erwarten, dass Juanita – die weder lesen noch schreiben konnte – die Frage nach der Einkommensungleichheit begreifen würde? Also beschloss ich, diesen Teil zu überspringen.

Doch bevor ich die nächste Frage stellen konnte, begann sie selbst darüber zu sprechen: »Wissen Sie, wie das in Bolivien ist?« Sie richtete sich auf. »Es gibt hier eine riesige Gruppe armer Leute und eine winzige Gruppe reicher. Und der Unterschied wird immer größer. Und dann wundert man sich, dass keiner mehr dem anderen vertraut!«

Ohne es zu wissen, hatte sie gerade Diagramm A beschrieben. Und sie hatte damit auch gleich zwei weitere meiner Fragen beantwortet, über ihre Ansichten zur Zukunft und über das gegenseitige Vertrauen im Land. Ich hatte sie völlig unterschätzt. Ich bekam einen roten Kopf, doch ich fuhr mit dem Interview fort, als wäre nichts geschehen. Zeit für die abschließenden Fragen.

»Wie glücklich sind Sie auf einer Skala von eins bis zehn?«

»Eins.«

»Was meinen Sie, wie glücklich Sie in fünf Jahren sein werden?«

»Eins.«

Ich glaube, damals, während dieses Interviews im Jahr 2012, habe ich angefangen, Zahlen zu misstrauen. Bis dahin hatte ich die Zahlen, die mir in Zeitungen oder in den Nachrichtensendungen präsentiert wurden, einfach konsumiert. Während meines Studiums der Ökonometrie hatte ich das Zahlenmaterial für meine Hausarbeiten von meinen Dozenten bekommen oder hatte sie von den Webseiten der Weltbank und anderen Organisationen heruntergeladen.

Nun aber bekam ich keine fertigen Kalkulationstabellen mehr. Nun war ich selbst die Datensammlerin. Seit einem Jahr war ich nämlich Doktorandin. Zahlen waren mein Fachgebiet, doch das Gespräch mit Juanita brachte meinen Glauben an

Zahlen ins Wanken. Ich wollte Juanitas Glück erforschen, aber konnte ihr Leben in einem *Carpita* nicht in Zahlen ausdrücken. Ich hörte mir ihre Meinung über die Einkommensunterschiede an, konnte aber ihre Aussagen nur mit den Diagrammen A, B, C, D oder E vergleichen. Vieles von dem, was sie sagte, war nicht zählbar – aber es zählte.

Juanita brachte mir noch etwas Anderes bei, nämlich, dass ich einen großen Einfluss darauf hatte, was Zahlen ausdrücken sollen. *Ich* fand Glück wichtig und dachte, es wäre auf diese Weise messbar. *Ich* hatte mir am Schreibtisch ausgedacht, diese abstrakte Frage in Diagrammen auszudrücken. *Ich* glaubte, Juanita wäre nicht schlau genug, um etwas zur Einkommensungleichheit zu sagen. Ich, ich, ich. Jemand anderes mit denselben Forschungsfragen, aber anderen Überzeugungen und Sichtweisen, wäre wahrscheinlich zu ganz anderen Resultaten gekommen. Zahlen sollten objektiv sein, doch mit einem Mal erkannte ich, wie sehr sie von der Persönlichkeit des Forschenden abhängen.

Nach dem Gespräch tippte ich in Reihe 80 meiner Excel-Tabelle Juanitas Angaben: 58 (Alter), 200 (Gehalt), 1 (Glück). Es sah genauso ordentlich aus wie alle Spreadsheets, die ich in den vergangenen Jahren heruntergeladen hatte. Doch nun bemerkte ich plötzlich, wie trügerisch diese Ordnung war.

Schon als Kindergartenkind war ich den Zahlen verfallen. Als ich gerade gelernt hatte zu zählen, war ich von Zahlenbildern begeistert. In einer meiner ersten Erinnerungen zeichne ich im Schwarzwald-Urlaub aus diesem Zahlenwirrwarr Schneemänner oder Wolken. Wenig später schenkten mir meine Großeltern einen Radiowecker. Nachts starrte ich vom Bett aus auf die Leuchtziffern und bildete aus den vier Zahlen alle möglichen Summen. In der Schule war Mathe mein Lieblingsfach, und schließlich entschied ich mich für das Studium der Ökonometrie, ein Fachbereich, in dem ich auch promovieren sollte. Ich lernte alles über die Statistik, die hinter den Wirtschaftsmodellen steckt. Ich rechnete, analysierte, programmierte. Und so studierte ich, was ich schon als Kind bei den Zahlenbildern getan hatte: die Suche nach Mustern hinter den Zahlen.

Doch Zahlen spielten in meinem Leben noch eine andere Rolle. Sie gaben mir Halt. Zwischen meinem fünften und meinem sechsundzwanzigsten Lebensjahr wurde ich in der Schule und der Universität mithilfe von Zahlen beurteilt. Zahlen waren für mich der Gradmesser meiner Leistungen. Bekam ich eine schlechte Note, stürzte ich in eine Krise. Eine gute Note aber ließ mich durch das Leben fliegen. Dass ich den Lehrstoff nach ein paar Tagen wieder vergessen hatte, kümmerte mich wenig, wenn nur der Notendurchschnitt stimmte. Auch außerhalb der Bildungseinrichtungen hielt ich mich an Zahlen fest. Als ich aus Bolivien zurück war, zeigte die Waage 56 Kilo an. Ein Body-Mass-Index von 18,3 – was war ich stolz.

Aber nicht nur ich wurde von Zahlen angetrieben. An der Universität wurden diejenigen Kollegen bevorzugt, die genügend Artikel in wissenschaftlichen Zeitschriften veröffentlicht hatten. In dem Krankenhaus, in dem meine Mutter arbeitete, sehnte man jedes Jahr die Veröffentlichung der Krankenhaus-Top-100 des *Algemeen Dagblad* herbei. Und mein Vater wurde mit fünfundsechzig in Rente geschickt.

Erst später wurde mir bewusst, dass Juanita mir auch über diese Art der Zahlen etwas Wichtiges offenbart hatte. So wie ich Einfluss auf die Daten habe, die ich sammele, so haben andere Menschen Einfluss auf die Zahlen, die das Leben von mir und anderen bestimmen. Lehrer bestimmen, was eine gute Note verdient, Ärzte entscheiden, welcher BMI akzeptabel ist, Entscheidungsträger bestimmen, in welchem Alter man in Rente gehen soll.

Nach meiner Promotion 2014 beschloss ich, Journalistin zu werden. Denn noch etwas hatte ich bei meinem Gespräch mit Juanita gelernt: Ich fand die hinter den Zahlen verborgenen Geschichten interessanter als die Zahlen selbst. Bei *De Correspondent*, einer journalistischen Online-Plattform, fing ich unter dem Namen *correspondent Ontcijferen* (»Korrespondent Entziffern«) an zu schreiben. Dieses Entziffern hatte für mich eine doppelte Bedeutung. Ich wollte den Lesern damit bewusstmachen, wie Zahlen zustande kommen, aber auch die Frage aufwerfen, ob Zahlen innerhalb der Gesellschaft vielleicht weniger wichtig genommen werden sollten. Sollten wir uns von ihnen befreien, sollten wir uns ent-ziffern?

Schnell merkte ich: Das Thema fiel auf fruchtbaren Boden. Leser schickten mir zahlreiche Beispiele für verzerrte Umfragen, irreführende Grafiken, unzureichend belegte wissenschaftliche Studien. Häufig wimmelte es in ihnen von Fehlern, die mir während meiner Promotionszeit selbst unterlaufen waren. Bei Diskussionen auf Kongressen und durch Feedback auf die Publikation meiner Forschung wurde ich darauf gestoßen, dass meine Stichproben nicht repräsentativ gewesen waren oder dass ich Korrelation mit Kausalität verwechselt hatte. Jetzt entdeckte ich dieselben Fehler bei Zahlen, mit denen Journalisten die Welt beleuchten, mit denen unsere Volksvertreter politische Entscheidungen treffen, mit denen Ärzte Aussagen über unsere Gesundheit treffen. Die Welt schien aus lauter Quatschzahlen zu bestehen.

Auch andere Berichte über Zahlen beschäftigten mich. Ich hörte von Eltern, deren einjährige Kinder von der Kinderkrippe ein Zeugnis ausgestellt bekommen, von Polizisten, die Bußgelder verteilen, um eine Quote zu erfüllen, von Uber-Fahrern, die wegen schlechter Kundenbewertungen gefeuert wurden.

Allmählich wurde mir immer deutlicher: Vom Rentenalter bis zu den Facebook-Likes, vom Bruttosozialprodukt bis zum

Einkommen – Zahlen bestimmen, wie die Welt aussieht. Und der Einfluss von Zahlen scheint immer größer zu werden. Der Einsatz von Big-Data-Algorithmen verbreitet sich wie ein Lauffeuer in Politik und Wirtschaft. Immer häufiger sind es nicht mehr Menschen, die Entscheidungen treffen, sondern mathematische Modelle.

Wir scheinen massenhaft von Zahlen hypnotisiert zu sein.[2] Während wir kein Problem damit haben, Wörter kritisch zu hinterfragen, erstarren wir bei Zahlen in Ehrfurcht. Inzwischen, nach jahrelangen Recherchen als Journalistin, bin ich zu der Schlussfolgerung gekommen, dass wir den Zahlen eine viel zu hohe Bedeutung in unserem Leben zumessen. Zahlen sind so mächtig geworden, dass wir nicht länger die Augen davor verschließen dürfen, wie sehr sie uns in die Irre führen können. Wir müssen uns unbedingt ent-ziffern.

Dennoch ist dies kein Anti-Zahlenbuch. Zahlen an sich sind, wie Wörter, unschuldig. Es sind die Menschen hinter den Zahlen, die Fehler begehen. Dieses Buch handelt von den Menschen hinter den Zahlen. Von ihren Denkfehlern, ihren Bauchgefühlen, ihren Interessen. Wir werden Psychologen kennenlernen, die ihren Rassismus hinter Zahlen verstecken, einen weltberühmten Sexualforscher mit einer schlichtweg schlüpfrigen Datensammlung und Tabakmagnaten, die Zahlen so hinbiegen, dass sie das Leben von Millionen Menschen zerstören.

Doch dieses Buch handelt auch von uns, den Zahlenkonsumenten. Denn wir sind es, die sich von Zahlen blenden und in die Irre führen lassen. Schlimmer noch, wir lassen uns von ihnen leiten. Zahlen beeinflussen, was wir trinken, was wir essen, wo wir arbeiten und wohnen, wie viel wir verdienen, wen wir heiraten, welche Partei wir wählen, ob wir einen Kredit bekommen oder wie hoch unsere Versicherungsprämie ausfällt.

Sie beeinflussen sogar, ob wir von einer Krankheit geheilt werden, ob wir leben oder sterben.

Selbst wenn wir glauben, nichts mit Zahlen am Hut zu haben, lassen sie uns keine Wahl: Wir können den Zahlen nicht entkommen.

Dieses Buch soll helfen, die Welt der Zahlen zu entziffern, sodass wir erkennen können, wann Zahlen korrekt verwendet werden und wann man sie missbraucht. Denn jede und jeder von uns sollte sich fragen, welche Rolle Zahlen in unserem Leben tatsächlich spielen dürfen.

Deshalb habe ich es mir zur Aufgabe gemacht, die Zahlen auf den Platz zu verweisen, auf den sie gehören: nicht auf das Podest, nicht auf den Müll, sondern an die Seite von Wörtern.

Dazu müssen wir an den Anfang zurückkehren. Wann hat unsere Obsession für Zahlen eigentlich begonnen? Um diese Frage zu beantworten, stelle ich Ihnen die berühmteste Krankenschwester der Geschichte vor: Florence Nightingale.

1.
—
ZAHLEN KÖNNEN
LEBEN RETTEN

Niemals würde sie die lebenden Gerippe vergessen[1], die britischen Soldaten, die auf verrotteten Feldbetten lagen. Wie sie gelitten haben, während das Ungeziefer über sie hinweg kroch. Wie sie einer nach dem anderen starben. Schlachthäuser waren es, diese überfüllten Krankenhäuser, in denen Florence Nightingale während des Krimkriegs arbeitete – des Kriegs zwischen Russland einerseits und England, Frankreich, Sardinien-Piemont und dem Osmanischen Reich, dem Vorgängerstaat der Türkei, andererseits. 1854 wurde Nightingale als Krankenschwester in Scutari, auf der asiatischen Seite des heutigen Istanbul gelegen, eingesetzt. Doch die britische Krankenpflege war so schlecht organisiert, dass sie viel mehr tun musste, als sich nur um die Patienten zu kümmern: kochen, waschen, das Magazin mit Nachschub versorgen. Manchmal arbeitete sie zwanzig Stunden am Tag. Nach ein paar Wochen schnitt sie sich ihre dicken braunen Haare ab, denn es blieb ihr keine Zeit für deren Pflege. Allmählich wurde ihre schwarze Schwesterntracht schmutzig und die weiße Haube riss ein. Hatte sie Zeit zum Essen, schrieb sie währenddessen Briefe, in denen sie die Außenwelt um Hilfe bat. Das alles tat sie, um ihre Soldaten am Leben zu halten.

Doch das reichte nicht, viel zu viele Leben glitten ihr durch die Finger. »Alle 24 Stunden begraben wir sie«, schrieb sie in einem ihrer zahlreichen verzweifelten Briefe an Sidney Herbert, den Staatssekretär im britischen Kriegsministerium. Im schlimmsten Monat, im Februar 1855, starben im Krankenhaus mehr als die Hälfte der Soldaten. Die meisten aber erlagen nicht etwa ihren Verwundungen, sondern starben an Krankheiten, deren Ausbruch man hätte verhindern können. Die Kanalisation war verstopft, sodass sich der Boden unter dem Gebäude in eine einzige, große Sickergrube verwandelte. Die Exkremente flossen aus den Toilettenhäuschen in den Wassertank. Es musste sich dringend etwas ändern.

Nach Kritik an der stümperhaften Kriegführung auf der Krim trat in England die Regierung zurück. Der neue Premierminister Henry John Temple wollte an den Missständen etwas ändern und gründete einen »Sanitärausschuss«, der dafür sorgen sollte, dass die Sterberate unter den Soldaten in Scutari abnahm. Und so traf am 4. März 1855, vier Monate nach Nightingales Ankunft, endlich Hilfe ein.

Die Mitglieder dieses Ausschusses empfanden die Situation im Krankenhaus als »mörderisch« und machten sich ans Werk.

Sie schafften über 25 Tierkadaver fort (darunter ein stark verwestes Pferd, das die Wasserzufuhr blockierte). Sie schlugen zur besseren Belüftung Löcher in das Krankenhausdach, weißten die Wände, entfernten verrottete Böden. 1856, gegen Ende des Kriegs, hatte sich das Militärkrankenhaus in Scutari bis zur Unkenntlichkeit verändert. Es war sauber, gut organisiert, und die Sterberate war drastisch gesunken. Nicht nur der Sanitärausschuss, auch Nightingale hatten bei dieser Verwandlung eine ausschlaggebende Rolle gespielt. Ohne Nightingales Lobbyarbeit wäre der Ausschuss möglicherweise niemals nach

Scutari gekommen. Bei ihrer Rückkehr nach England wurde sie als Heldin empfangen, als »Schutzengel«.

Dennoch hatte sie das Gefühl, versagt zu haben. »Ach, meine armen Männer. Ihr habt so tapfer durchgehalten«, schrieb sie nach ihrer Abreise in ihr Tagebuch. »Ich bin euch eine schlechte Mutter gewesen, einfach so nach Hause zu fahren und euch in den Krimgräben zurückzulassen.«

Die unnötig gestorbenen Soldaten beschäftigten sie weiterhin. Die überfüllten Säle. Das Ungeziefer. Die Situation im Krankenhaus von Scutari mochte sich zwar verbessert haben, doch die Krankenversorgung des Militärs war noch immer miserabel organisiert. Und das kostete Leben.

Nightingale kämpfte fortan für eine Reform des Sanitätswesens. Sie wollte all ihre Erfahrung, ihre Kontakte und ihren neu erworbenen Ruhm dafür einsetzen, die Regierung von der bitteren Notwendigkeit einer besseren Hygiene zu überzeugen. Und in diesem Kampf würde sie eine messerscharfe Waffe einsetzen: Zahlen.

Die Entstehung unserer Zahlenwut

Florence Nightingale, 1820 geboren, wuchs in einer wohlhabenden britischen Familie auf. Ihr Vater war ein fortschrittlicher Mann: Er war der Ansicht, dass Mädchen eine ebenso gute Ausbildung erhalten sollten wie Jungen. Deshalb wurden Florence und ihre Schwester Parthenope – beide nach ihren Geburtsorten benannt – auch in Physik, Italienisch, Philosophie und Chemie unterrichtet.

Florence wurde zudem in Mathematik unterwiesen, ein Fach, das ihr auf den Leib geschrieben schien. Von Kindesbeinen an besaß sie eine Faszination fürs Zählen und Kategorisieren. Seit ihrem siebten Lebensjahr schrieb sie Briefe, denen sie regelmäßig Listen und Tabellen zufügte. Und sie war ein großer Fan von Rätselheften mit Textaufgaben wie:»Angenommen, es gibt sechshundert Millionen Heiden auf der Welt. Wie viele Missionare braucht man, wenn man einen Missionar für zwanzigtausend Heiden benötigt?« Ihr Talent für und ihr Interesse an Zahlen sollte sie sich Zeit ihres Lebens bewahren. Als der Kriegsminister sie bei ihrer Rückkehr aus Scutari nach ihren Erfahrungen an der Front fragte, ergriff sie die Chance. Zwei Jahre lang schrieb sie an einem 850-seitigen Bericht, in dem sie anhand von Zahlen aufzeigte, was bei der Krankenpflege im Militär alles falsch lief.[2] Ihre wichtigste Schlussfolgerung: Viele Soldaten starben an Krankheiten, deren Auftreten man hätte verhindern können, Wundinfektionen etwa und ansteckende Krankheiten. Selbst in Friedenszeiten starben in britischen Militärkrankenhäusern ungefähr doppelt so viele Patienten wie in zivilen Krankenhäusern. Nicht weniger schändlich wäre es gewesen, fand Nightingale,»wenn man 1100 Mann pro Jahr auf die Hochebene von Salisbury führen würde, um sie dann dort zu erschießen«.

Wie schockierend dieser Schluss auch war, Nightingale fürchtete, dass er in den vielen hundert Seiten aus Buchstaben und Zahlen untergehen könnte. Deshalb verwandelte sie die Statistiken in bunte Grafiken, die das, was sie zeigen wollte, auf einen Blick verdeutlichten. Auf dem berühmtesten Bild sieht man zwei Diagramme, die zwei der drei Jahre des Krimkriegs darstellten. Nightingale zeigte darin Monat für Monat auf, was den Tod der Soldaten verursacht hatte: Die meisten von ihnen starben an Krankheiten, die man hätte vermeiden können.

Diese und andere Grafiken schickte sie an einflussreiche Leute wie den ehemaligen Staatssekretär Sidney Herbert, der mittlerweile zum Leiter des königlichen Untersuchungsaus-

DIAGRAM of the CAUSES of MORTALITY
IN THE ARMY IN THE EAST.

2.
APRIL 1855 to MARCH 1856.

1.
APRIL 1854 to MARCH 1855.

The Areas of the blue, red, & black wedges are each measured from the centre as the common vertex.

The blue wedges measured from the centre of the circle represent area for area the deaths from Preventible or Mitigable Zymotic diseases, the red wedges measured from the centre the deaths from wounds, & the black wedges measured from the centre the deaths from all other causes.

The black line across the red triangle in Nov.ʳ 1854 marks the boundary of the deaths from all other causes during the month.

In October 1854, & April 1855, the black area coincides with the red; in January & February 1856, the blue coincides with the black.

The entire areas may be compared by following the blue, the red, & the black lines enclosing them.

»Diagram of the Causes of Mortality in the Army in the East« (Grafik der Todesursachen bei der Armee im Orient), das Diagramm, das Florence Nightingale in ihrem dicken Bericht über die britische Militärkrankenpflege veröffentlichte. Quelle: Notes on Matters Affecting the Health, Efficiency, and Hospital Administration of the British Army (1858)

schusses zum Krimkrieg ernannt worden war. Außerdem ließ sie ihre Erkenntnisse an die Presse durchsickern[3] und bat die Schriftstellerin Harriet Martineau, für die breite Öffentlichkeit einen Aufsatz über die Notwendigkeit einer Reform zu verfassen.[4]

Nightingale konnte die Autoritäten schließlich mit ihrem Zahlenmaterial überzeugen. In den 1880er Jahren wurden viele der Probleme gelöst: Soldaten erhielten besseres Essen, es gab mehr Waschgelegenheiten, und die Baracken waren sauberer als je zuvor.[5] Die Situation verbesserte sich derart schnell, dass sich neu errichtete Krankenhäuser als zu groß herausstellten. »Es ist nicht unsere Schuld, dass der Krankenstand so stark gesunken ist, dass sie [die medizinische Abteilung des Militärs, SB] ihre Krankenhäuser nicht mehr füllen können«, merkte Nightingale dazu trocken an.[6]

23

Florence Nightingale war weltweit eine der Ersten, die Grafiken einsetzte, um Dinge zu verändern.[7] Natürlich war sie intelligent, starrsinnig und arbeitete hart, doch ihre Errungenschaften sagen auch viel über die damalige Zeit aus: Im 19. Jahrhundert wurde Zahlenmaterial zum ersten Mal in der Geschichte in großem Maßstab verwendet – eine Entwicklung, die bis zum heutigen Tag andauert.

Im 19. Jahrhundert entstanden die Nationalstaaten, die für die wachsende Bürokratie stets mehr Informationen von ihren Bürgern verlangten. Wer verstarb, wer wurde geboren, wer heiratete wen – erst seit dem 19. Jahrhundert wurde all dies umfangreich festgehalten.[8] Eine »Lawine gedruckter Zahlen« nannte der Philosoph Ian Hacking diese Entwicklung.[9] Die Technologieforscherin Meg Leta Ambrose sprach von »der ersten Big-Data-Welle«.[10]

Auch die Durchschnittswerte und Grafiken, die täglich in den Zeitungen abgedruckt werden, die Statistikämter, unsere Zahlen über Armut und Kriminalität – sie alle haben ihre Anfänge im 19. Jahrhundert.

Und dies kam vor knapp zweihundert Jahren nicht unerwartet. Um zu verstehen, weshalb Nightingale und ihre Zeitgenossen anfingen, im großen Stil Zahlen zu benutzen, muss man kurz in die Geschichte eintauchen, in die drei wichtigsten Entwicklungen, die der Zahlenwut des 19. Jahrhunderts den Weg bereitet hatten.

Die Anfänge der Standardisierung

Zahlen gibt es seit Menschengedenken.[11] Die ältesten schriftlichen Zeugnisse beinhalten bereits Symbole, die auf Zahlen verweisen. »29 086 Maß. Gerste. 37 Monate. Kushim«, steht beispielsweise auf einer Tontafel aus der Zeit zwischen 3400 und 3000 vor Christus aus Uruk, einer antiken Stadt im heutigen Irak. Wahrscheinlich bedeutet der Text, dass ein gewisser Kushim über einen Zeitraum von 37 Monaten knapp 30 000 Maß Gerste empfangen hat.

Kushim ist demnach der erste Mensch überhaupt, dessen Namen wir kennen, schreibt der Historiker Yuval Noah Harari. »Es ist bezeichnend, dass der älteste überlieferte Name einem Buchhalter gehört und nicht einem Propheten, Dichter oder Eroberer.« Ja, sehr bezeichnend, denn Zahlen waren für die Entwicklung einer Gesellschaft ausschlaggebend.

Als Jäger und Sammler konnte man sich noch alle Informationen, die man zum Überleben brauchte, merken. Wo sich die Raubtiere aufhielten, welche Beeren giftig waren, wem man vertrauen konnte. Auch als Bauer in einer kleinen Gemeinschaft konnte man das nötige Wissen noch im Kopf behalten. Doch seit der agrarischen Revolution begannen die Menschen, in viel größerem Maßstab zusammenzuarbeiten, in Städten und sogar in Ländern. Wirtschaft und Handel wurden immer komplexer: Geld löste den Tauschhandel ab, und es wuchs ein immer weniger zu überschauendes Netz wirtschaftlicher Beziehungen. Man schuldete dem einen diesen Betrag, bekam von einem anderen noch Geld, musste an einen Dritten Pacht bezahlen. Und so stieß die Menschheit an ihre Grenzen: Sie konnte sich nicht mehr alles merken.

Das galt natürlich erst recht für einen Staat, der von Tausenden Einwohnern Steuern erheben wollte. Ein Beamter brauchte ein System, um alle Forderungen zu registrieren und das Geld eintreiben zu lassen. Aus diesem System entwickelte sich die Schrift. Da Übereinkünfte nun schriftlich festgehalten wurden – Gesetzgebung – und dabei auch bestimmt wurde, wer für was zuständig war – Administration –, brauchte man sich all diese Informationen nicht mehr zu merken. Und vieles, was notiert wurde, waren, wie im Falle von Kushims Gerste, Zahlen.

Bei dieser ersten Entwicklungsphase der Zahlen war jedoch nicht allein die Tatsache bemerkenswert, *dass* man begann, Zahlen aufzuschreiben, sondern auch, *was* man mit ihrer Hilfe registrierte. Nehmen wir die Angabe in Kushims Aufstellung: »29 086 Maß«. In diesem Fall mussten alle Beteiligten sowohl wissen, was mit einer Zahl wie 29 086 gemeint war, als auch, was ein »Maß« bedeutete.

Vereinbarungen über Maßeinheiten wurden in den Anfängen der Menschheitsgeschichte anfangs vorwiegend lokal getroffen.[12] Jeder Ort benutzte eigene, für ihn zweckmäßige Einheiten. So wurde Grund und Boden in Frankreich in *bicherées* – die Anzahl der Korngarben, die ein Bauer benötigte, um sein Land zu besäen – oder in *journaliers* gemessen – die Zahl der Tage, die ein Traubenpflücker für die Weinlese benötigte.[13] (In unserer Sprache finden sich noch heute Spuren dieser veralteten Maße: nur einen Steinwurf entfernt, in Hörweite.) Selbst wenn verschiedene Landstriche dasselbe Wort für ein Maß benutzten, konnte die Bedeutung eine völlig andere sein. So war im 17. Jahrhundert die Längeneinheit »Rute« in Ezinge, einem Dorf in der Groninger Provinz, mit fünf Metern mehr als doppelt so lang wie eine »Rute« im knapp siebzig Kilometer entfernten Bellingwolde.[14] Man schätzt, dass es im 18. Jahrhundert in Frankreich über eine *Viertelmillion* unterschiedliche Maß- und Gewichtseinheiten gab.[15]

Doch man kann sich nicht verstehen, wenn man keine gemeinsame Sprache hat, und man kann keine Vereinbarungen treffen, wenn man Zahlen auf unterschiedliche Weise gebraucht.[16] 1999 zeigte sich einmal mehr, wie gefährlich das Fehlen einer gemeinsamen Zahlensprache sein kann. Die Raumsonde *Mars Climate Orbiter* sollte den Mars umrunden, verschwand jedoch am 23. September 1999 vom Radar und tauchte nie wieder auf. Was war passiert? Um die Sonde zu steuern, mussten zwei Computerprogramme miteinander kommunizieren. Das eine rechnete mit der Britisch-Amerikanischen Maßeinheit zur Bemessung von Kraft »Pound force pro Sekunde«, während das andere mit dem internationalen Einheitssystem »Newton pro Sekunde« arbeitete. Die Folge dieses Missverständnisses war gravierend: Die Sonde flog etwa 100 Kilometer tiefer als geplant und verglühte wahrscheinlich in der Marsatmosphäre.[17]

Glücklicherweise sind solche Vorkommnisse heute eher die Ausnahme, denn nahezu jedes Land der Welt verwendet mittlerweile das sogenannte Internationale Einheitensystem. Doch bis es so weit war, mussten nicht nur viele Widerstände überwunden werden – es brauchte buchstäblich eine Revolution. Die siegreichen Revolutionäre in Frankreich waren die Ersten, die im Zuge der Französischen Revolution (1789–1799) alle örtlichen Maßeinheiten verwarfen und die Einführung des Metrischen Systems propagierten. Einheiten wie der Meter oder das Kilogramm passten gut zu den Ideen der zeitgenössischen Wissenschaftler, und – nicht unwichtig – sie würden dabei helfen, das Land regierbar zu machen.[18]

Wie sollte ein Staat Steuern auf, sagen wir mal, Grundbesitz erheben können, wenn jeder ein anderes Längenmaß benutzte? Es dauerte eine Weile, doch schließlich setzte sich das Metrische System – später das Internationale Einheitensystem – von Frankreich aus in der ganzen Welt durch. Naja, fast: drei Länder – die Vereinigten Staaten, Liberia und Myanmar – verwenden auch heute noch eigene offizielle Maß- und Gewichtseinheiten wie Meilen und Pfund.[19]

Diese erste Entwicklungsphase, die Standardisierung, bildete den Grundstein für Nightingales Zahlenwerk. Mit anderen Worten, wir einigten uns darauf, wie ein bestimmtes Konzept zu messen ist. Die Einigung auf Meter und Kilogramm war erst der Anfang, zu Nightingales Zeit, ein halbes Jahrhundert später, herrschte bereits eine regelrechte Zahlenmanie.

Durch den Zuzug der Landbewohner platzten die Städte des 19. Jahrhunderts aus allen Nähten, was viele Probleme mit sich brachte: Armut, Kriminalität, Krankheiten.[20] Immer mehr Regierungsvertreter und Bürger fragten sich, was die Gründe für diese Probleme waren und wie man sie lösen konnte. Um den Ernst der Lage einschätzen zu können, mussten zunächst eindeutige Kategorien gefunden werden: Wann konnte man jemand als arm, kriminell oder krank bezeichnen? So erstellte William Farr, ein berühmter Statistiker, der Florence Nightingale bei ihrem Bericht geholfen hatte, gemeinsam mit seinen Kollegen schon im 19. Jahrhundert eine Liste anerkannter Krankheiten, die später sogar von der Weltgesundheitsorganisation (WHO) übernommen werden sollte. Auch Nightingale verwendete Kategorien, als sie in ihren Grafiken aufzeigte, wie viele Männer an (1) vermeidbaren Krankheiten, an (2) Kriegsverletzungen und an (3) anderen Ursachen gestorben waren.

Die Definition eines Konzepts wie »Krankheit« oder »Todesursache« scheint auf den ersten Blick nichts mit Zahlen zu tun zu haben. Doch dieser Eindruck trügt. Denn nur mit einer eindeutigen Definition kann man etwas zählbar machen oder, wie es der Philosoph Ian Hacking ausdrückt:»Zählen verlangt nach Kategorien.«[21]

28 Die Standardisierung ermöglicht, dass man mit einem Mal dieselbe Sprache spricht. Weltweit versteht man heute, was zum Beispiel mit Metern und Kilogramm, mit IQ-Punkten und Gigabytes, mit BIP-Wachstum und CO_2-Ausstoß gemeint ist. Damit ist die meistgesprochene Sprache der Welt nicht etwa Chinesisch, Englisch oder Spanisch, sondern: die Sprache der Zahlen.[22] Und diese Zahlensprache machte die nächste Entwicklungsstufe möglich: Man fing an, Zahlen im großen Stil zu sammeln.

Der Anfang: Zahlen sammeln im großen Stil

Wie Kushims Tontafel beweist, werden Zahlen schon seit Jahrtausenden gesammelt und festgehalten. Doch Kushim tat dies noch in einem sehr überschaubaren Rahmen – Historiker vermuten, dass er für ein Warenlager mit den Zutaten für das Brauen von Bier verantwortlich war.[23] In den folgenden Jahrtausenden ging die Obrigkeit jedoch dazu über, Zahlen in sehr viel größerem Stil zu sammeln. Eine der bekanntesten Geschichten unserer Kultur, Christi Geburt, hätte niemals in Bethlehem stattgefunden, wenn nicht die Römer hätten wissen wollen, wie viele Einwohner in ihrem Reich lebten. Die Menschheitsgeschichte ist voll von solchen Volkszählungen, vom Alten Ägypten bis zum Inkareich, von der Han-Dynastie bis zum europäischen Mittelalter.[24]

Wilhelm der Eroberer ging 1085 einen Schritt weiter und ließ sämtlichen Grundbesitz Englands dokumentieren. Im *Domesday Book* (Buch von Winchester) sollten über 13 000 Ortschaften in England und Wales erfasst werden. Alle Orte wurden von königlichen Beamten aufgesucht, die in den Grafschaften über 10 000 Fakten notierten: die Eigentümer eines Landguts, die Anzahl der Leibeigenen, der Mühlen und Fischteiche und so weiter.[25] Unvorstellbar, wie zeitraubend diese Datensammlung gewesen sein muss.

Die Größenordnung des *Domesday Book* blieb lange Zeit eine Ausnahme. Erst zwischen 1820 und 1840 stieg die Menge der verfügbaren Daten exponentiell an.[26] In dieser Zeit wurden etliche Organisationen zur Datenerhebung gegründet, oftmals von staatlicher Seite (nicht umsonst kommt das Wort »Statistik« von »Staat«). 1836 wurde in Großbritannien das »General Register Office for England and Wales« ins Leben gerufen, das für die Registrierung von Geburten und Todesfällen verantwortlich war und schon recht bald Volkszählungen organisierte.[27] In den

Niederlanden fand solch eine Zählung zum ersten Mal 1795 unter Napoleon statt. Auch Unternehmen begannen, Zahlen zu sammeln. So dokumentierte etwa die Britische Ostindien-Kompanie seit April 1823 für sämtliche ihrer 2500 Angestellten, wer wann krank, verstorben oder aus dem Dienst ausgetreten war.[28]

Dass Florence Nightingale Mitte des 19. Jahrhunderts das Sanitätswesen der Armee mithilfe von Zahlen reformieren wollte, knüpfte an den Zeitgeist an: Überall wurden damals Daten erhoben. Doch es bedurfte noch einer weiteren Entwicklung, bis Nightingale ihre Reformen tatsächlich umsetzen konnte. Denn haufenweise Zahlen zu sammeln ist eine Sache, aus ihnen schlau zu werden, eine andere.

Der nächste Schritt: Zahlen analysieren

Wenn man heutzutage die Zeitung aufschlägt, sieht man ... eine Grafik. Doch die Idee, Zahlen in Bilder zu übertragen, ist relativ neu. Erst Ende des 18. Jahrhunderts erfand William Playfair sowohl das Balken- als auch das Liniendiagramm. Nightingale griff seine Ideen später auf, denn Diagramme können eine große Zahlenmenge gut veranschaulichen.

30 Als es Anfang des 19. Jahrhunderts zu einer richtigen Datenflut kam, bedurfte es zunehmend Verfahren, diese Zahlen auch zu analysieren. Neben den Diagrammen wurde bald der »Mittelwert« populär. In ihrem umfangreichen Bericht bediente sich Nightingale dieser Methode ausgiebig, zum Beispiel um die durchschnittliche Anzahl an Kranken während des Krimkriegs zu ermitteln. Heutzutage mag einem der Mittelwert stinknormal erscheinen, zu Nightingales Zeit steckte dieses gedankliche Konzept noch in den Kinderschuhen – zumindest was die Daten über Menschen betrifft. Astronomen arbeiteten schon

seit Ende des 16. Jahrhunderts mit dem Mittelwert. Es war der belgische Astronom Adolphe Quetelet, der sich fragte, was geschehen würde, wenn man ihn nicht nur auf Himmelskörper, sondern auch auf Menschen anwenden würde.[29] Quetelet war ein Idol von Florence Nightingale, die ihn den »Begründer der Statistik« nannte.[30] In einem früheren Leben war er Direktor der Sternwarte in Brüssel gewesen, die jedoch während der Belgischen Revolution von 1830 in die Hände der Freiheitskämpfer fiel.[31] Das hatte Quetelet nachdenklich gemacht. Weshalb tun Menschen, was sie tun? Auf den ersten Blick schien sich die Gesellschaft im Chaos zu befinden, ein Eindruck, den die Situation in seinem Vaterland zu bestätigen schien.

Doch Quetelet glaubte daran, dass sich im menschlichen Verhalten ein Muster erkennen lassen könne, und entwickelte eine bahnbrechenden Idee: »*l'homme moyen*«, den Durchschnittsmenschen.[32] Besessen berechnete er Durchschnittswerte für Maß, Gewicht, Kriminalität, Bildungsstand, Suizide und erfand so auch den Quetelet-Kaup-Index, der heute besser als Body-Mass-Index (BMI) bekannt ist, eine Maßeinheit, die angibt, ob jemand ein »Normalgewicht« hat. Noch immer bedienen sich Ärzte, Versicherungen und Ernährungsberater des BMI, um zu beurteilen, ob ein Patient ein gesundes Gewicht hat.

Auf die Diagramme und Mittelwerte folgten immer kompliziertere Methoden, mit denen sich Zahlen auswerten ließen. Die Zeit zwischen 1890 und 1940 bezeichnete der amerikanische Historiker Stephen Stigler als »statistische Aufklärung«[33]. Wissenschaftler erdachten sich in dieser Zeit ausgeklügelte Methoden, mit denen sie in Zahlen Muster aufspüren, Zusammenhänge berechnen und Experimente entwickeln konnten.

Auch wenn Florence Nightingale diese Entwicklung nicht mehr erlebte (sie starb im Jahr 1910), so blieben ihre Errungenschaften in der Welt der Zahlen bahnbrechend. Knapp ein Jahrhundert nach dem Krimkrieg sollte ein schottischer Arzt in ihre Fußstapfen treten und erneut beweisen, dass man mit Zahlen Leben retten kann.

Archie Cochrane war während des Zweiten Weltkriegs in einem Kriegsgefangenenlager in Thessaloniki interniert. Lange hatte er dort heimlich an einem Experiment gearbeitet, nun war es Zeit, den Deutschen seine Beobachtungen mitzuteilen.[34] Mit dem langen roten Bart und den eingefallenen Wangen muss der schottische Arzt ziemlich wild ausgesehen haben. Unter der zerrissenen Khaki-Bermudahose kamen geschwollene Knie zum Vorschein.

Cochrane war nicht der Einzige, der sich mit Ödemen herumplagte. Seine Mitgefangenen litten ebenfalls unter geschwollenen Knöcheln oder Knien. Cochrane, von den Deutschen zum Chefarzt des Lagers ernannt, diagnostizierte täglich zwanzig neue Fälle. Er hatte die Zahl extra niedriger angesetzt, als sie in Wirklichkeit war, denn er wollte seine Mitgefangenen nicht unnötig beunruhigen.

Doch nun musste er die steigenden Krankenzahlen zur Sprache bringen. Um Leben zu retten, wollte er die Deutschen um Hilfe bitten. Nicht, dass er sich allzu viel davon versprach: Kurz zuvor hatte einer der deutschen Wachtposten kurzerhand eine Handgranate in die Latrine geworfen, weil er dort ein »verdächtiges Lachen« gehört hatte.

Cochrane hatte eine Vermutung, was die Wassereinlagerungen verursacht haben könnte: Beriberi, eine Krankheit, die durch Vitamin-B-Mangel entsteht. Also beschloss er, das zu tun, was sein Held James Lind knapp zwei Jahrhunderte zuvor getan hatte. Der Schiffsarzt Lind hatte 1747 eines der ersten klinischen Experimente der Geschichte durchgeführt. Er hatte zwölf an Skorbut erkrankte Matrosen in Zweiergruppen eingeteilt, die jede eine eigene Kost erhielt. Eine Gruppe bekam jeden Tag sechs Löffel Essig, eine andere einen Viertelliter

Meerwasser, die dritte zwei Apfelsinen und eine Zitrone, und so weiter. Lind erkannte schnell ein Muster: Die Matrosen, die die Zitrusfrüchte aßen, waren nach ein paar Tagen über den Berg. So hatte er entdeckt, was heutzutage allgemein bekannt ist, nämlich, dass man Skorbut mit Vitamin C vorbeugen kann.[35]

Cochrane machte es wie Lind: Er verteilte zwanzig Patienten auf zwei Krankensäle. Ohne die Beteiligten darüber zu informieren, dass sie an einem Experiment teilnahmen, bekam die eine Gruppe dreimal täglich eine Portion Hefe, eine Vitamin-B-Quelle, an die er über Umwege gekommen war. Die andere Gruppe erhielt eine Vitamin-C-Tablette aus seinem Notvorrat.[36] Am ersten Morgen notierte er, wie oft die Patienten urinierten. Es gab keinen Unterschied zwischen den beiden Sälen. Am zweiten Tag auch nicht. Doch am dritten Tag bemerkte er, dass die Zahlen vom Hefe-Saal etwas anstiegen. Und am vierten Tag war er sich sicher: Die Männer, die die Hefe zu sich genommen hatten, lagerten weniger Wasser ein und mussten häufiger zur Toilette. Außerdem fühlten sich acht von zehn Männern besser, während es der gesamten anderen Gruppe immer noch elend ging.

All dies notierte er fein säuberlich in einem Buch, das er den Deutschen zeigte. Es müsse etwas geschehen, erklärte er, sonst seien die Folgen katastrophal.[37] Überraschenderweise ließen sich die Deutschen von seinem Bericht überzeugen. Der anwesende deutsche Arzt, ein junger Mann, fragte ihn, was er benötigte. Unverzüglich sehr viel Hefe, antwortete Cochrane. Die Deutschen versprachen, ihr Bestes zu tun, und das taten sie auch: Tags darauf traf ein großer Hefevorrat ein. Innerhalb eines Monats gab es im Lager fast keinen Ödem-Patienten mehr.

33

Cochranes Experiment zeigt mehr als nur eine neue Methode zur Datenanalyse. Es zeigt vor allem die Überzeugungskraft von Zahlen. Mithilfe von Zahlen gelang es Cochrane sogar, den Feind, die Deutschen, auf seine Seite zu ziehen. Weshalb sind Zahlen oft so viel überzeugender als Worte? Ein anderer Vorfall aus Cochranes Leben kann uns auf diese Frage eine Antwort geben.[38]

Nachdem Cochrane nach Kriegsende nach England zurückgekehrt war, setzte er sich vehement für eine Ausweitung der zahlenbasierten Forschung in der Medizin ein. Experimente wie jenes, das er im Gefangenenlager durchgeführt hatte, waren damals noch eine Seltenheit. Doch als in den 1960er Jahren in immer mehr Krankenhäusern kostspielige kardiologische Überwachungsstationen eingerichtet wurden, war sein Moment gekommen. Zunächst schienen solche Stationen eine logische Entwicklung zu sein: Herzpatienten mussten überwacht werden, um Herzversagen zu verhindern. Doch Cochrane, ein Vollblutskeptiker, zweifelte am Sinn einer solchen Einrichtung. Allerdings ließ sich seine Vermutung nur durch ein klinisches Experiment überprüfen: Eine Testgruppe zufällig ausgewählter Patienten sollte im Krankenhaus bleiben und auf der Überwachungsstation beobachtet werden, während eine zweite Testgruppe nach Hause entlassen werden sollte.

Für diese Idee bekam Cochrane von der Ethikkommission in London zunächst tüchtig Gegenwind, ihm wurde vorgeworfen, mit den Leben der Patienten zu spielen. Als es ihm schließlich gelang, den Kommissionsvorsitzenden vom Nutzen seiner Studie zu überzeugen, weigerten sich die Kollegen in seiner Klinik in Cardiff, bei dem Experiment mitzumachen. Sie wüssten selbst am besten, wie sie ihre Patienten zu behandeln hätten. Cochrane war stinksauer: Was für eine Arroganz! Die Medizin war seiner Ansicht mehr *eminence-based* als *evidence-based*[39], das heißt, den Ärzten war ihre eigene Reputation wichtiger als eine wissenschaftliche Grundlage ihres Handelns.

Letztlich gelang es Cochranes Kollegen in Bristol, das Experiment durchzuführen. Als sie sechs Monate später ihre Ergebnisse der Kommission in London vorlegten, zeigte sich, dass die Patienten, die stationär überwacht worden waren, geringfügig besser abgeschnitten hatten als jene, die nach Hause geschickt worden waren. Obwohl die Unterschiede kaum nennenswert waren, gab sich die Ethikkommission entrüstet, als sie die Zahlen sah: »Archie, wir haben es ja schon immer gewusst, dass Ihre Ethik zu wünschen übriglässt. Stoppen Sie diese Studie. Sofort.«

Geduldig ließ Cochrane die Kommissionsmitglieder ausreden. Dann sagte er, es tue ihm leid, doch er habe ihnen die falschen Ergebnisse vorgelegt, und zog einen zweiten Bericht mit den richtigen Resultaten hervor: dieselben Zahlen, nur umgedreht. Die Patienten, die nach Hause geschickt worden waren, hatten besser abgeschnitten als jene in den kardiologischen Überwachungsstationen. Ob sie nun der Ansicht seien, fragte Cochrane die Kommissionsmitglieder, dass die kardiologische Überwachung unverzüglich einzustellen sei?

Diese Anekdote zeigt die Hürden, die Cochrane als Wissenschaftler zu überwinden hatte. Erstens war da die emotionale Hürde: Die Ärzte fühlten sich sicherer und hatten ein besseres Bauchgefühl, wenn die Patienten im Krankenhaus blieben. Zweitens machten die Kommissionsmitglieder einen Denkfehler, als sie die Informationen so interpretierten, dass sie zu ihren Überzeugungen passten.[40] Und drittens spielten bestimmte Interessen eine Rolle, denn die Kommissionsmitglieder fürchteten einen Ansehensverlust, wenn sich herausstellte, dass sie mit den Empfehlungen für die sehr kostspieligen Überwachungsstationen eine falsche Entscheidung getroffen hatten.

35

Anscheinend gelingt es nur Zahlen, diese drei Hürden – Bauchgefühl, Denkfehler und Interessen – zu überwinden. Während man Wörtern schnell Doppeldeutigkeit unterstellt, geben Zahlen scheinbar neutral die Wirklichkeit wieder. Kurz gesagt, Zahlen erscheinen automatisch objektiv. Es ist also gar nicht so verwunderlich, dass sie unsere Gesellschaft beherrschen.

1993, fünf Jahre nach Cochranes Tod, wurde die Cochrane Collaboration gegründet, ein weltweites Netzwerk von Ärzten und Statistikern. Diese Organisation sammelt wissenschaftliche Beweise für so gut wie alle Forschungsgebiete der Medizin. Die von ihr herausgegebenen *Cochrane Reviews*, systematische Übersichtsarbeiten, sind heute eine der wichtigsten Quellen für evidenzbasierte Medizin.

Cochranes Plädoyer für mehr Zahlen in der Medizin rettete Leben, wie etwa die Cardiac Arrhythmia Suppression Trial (CAST) zeigt, eine klinische Studie, die seit den 1980er Jahren durchgeführt wurde. Vor der Studie verschrieben Ärzte Herzinfarktpatienten Medikamente, die einen unregelmäßigen Herzrhythmus verhindern sollten. Das schien logisch zu sein, denn unregelmäßige Herzschläge gingen oftmals mit einem plötzlichen Herztod einher, also musste man sie unterdrücken. Doch bei CAST – einer großangelegten Studie mit 1700 Patienten – stellte sich heraus, dass die Sterberate durch diese Medikamente nicht geringer wurde, im Gegenteil, sie *stieg an*.[41]

Florence Nightingale und Cochrane zeigen Zahlen von ihrer besten Seite: Zahlen können Leben retten. Und es gibt noch einen weiteren Grund, warum Zahlen von so großer Bedeutung sind: Sie helfen, Machthaber zu kontrollieren. Nicht umsonst ist die Geschichte gespickt mit Politikern, die sich bei ihrem Handeln auf Zahlen stützen. In Argentinien wurde zum Beispiel jahrelang auf Anordnung der Regierung die Inflationsrate geschönt.[42]

Statistiker rügten den ehemaligen britischen Außenminister Boris Johnson mehrmals wegen falscher Zahlen über den Brexit.[43] Und Stalin ließ 1937 einen Statistiker ermorden, weil dieser herausgefunden hatte, dass die Bevölkerungszahl der Sowjetunion kleiner war, als Stalin behauptete.[44] Umso wichtiger sind unabhängige statistische Behörden, die verhindern, dass Politiker Zahlen manipulieren – und damit unsere Sicht auf die Wirklichkeit verändern.

Zahlen haben zwei Gesichter: Sie können unser Leben verbessern – oder es verschlechtern. Die drei Instrumente, die für den Umgang mit großen Mengen an Zahlen wichtig sind – Standardisieren, Sammeln und Analysieren – funktionieren nämlich nicht immer. Manchmal läuft etwas schief. Sehr, sehr schief.

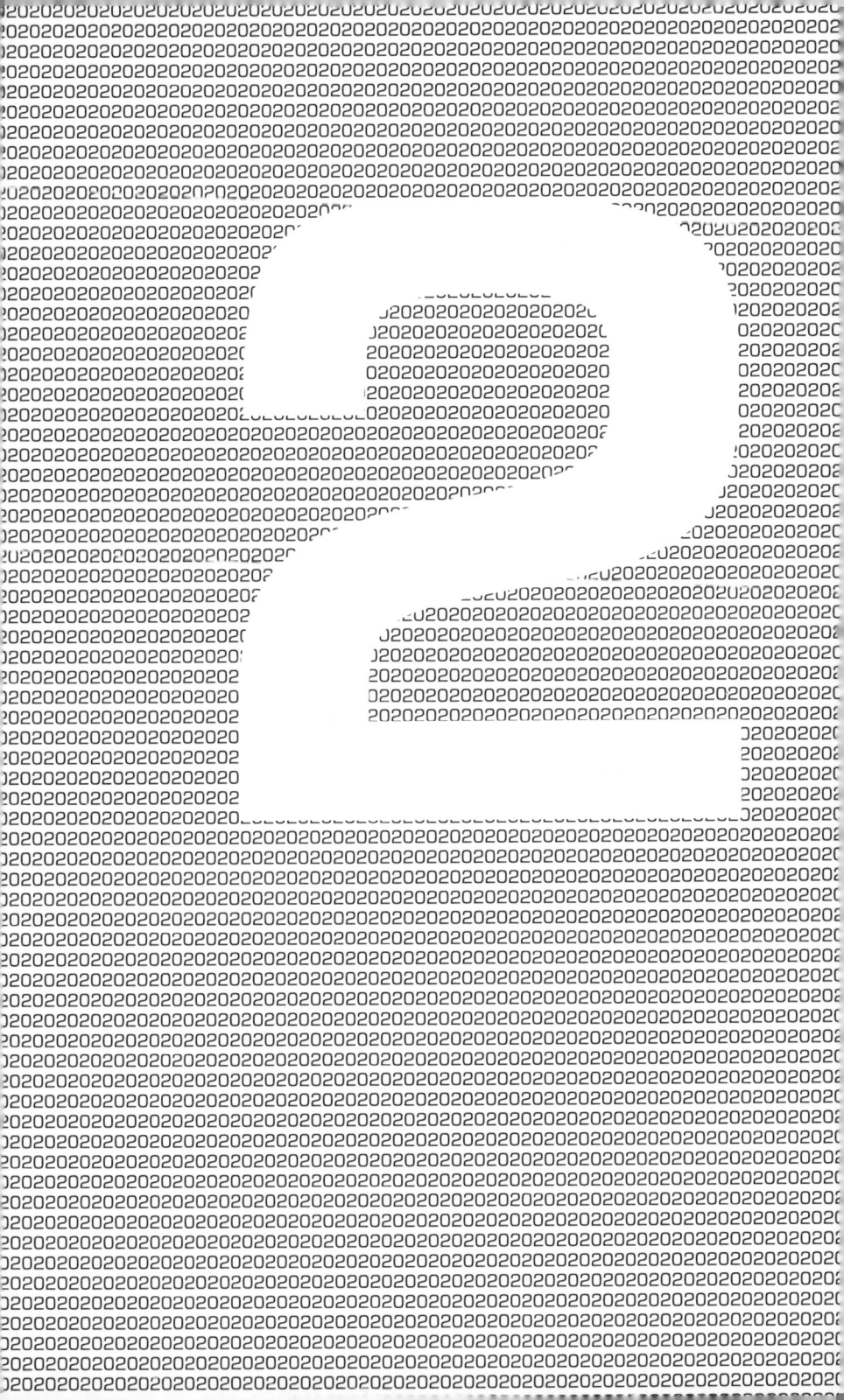

2.

—

DIE DUMME DISKUSSION
ÜBER DEN ZUSAMMENHANG
VON IQ UND HAUTFARBE

Während des Ersten Weltkriegs wurden 1,75 Millionen amerikanische Rekruten einem Intelligenztest unterzogen.[1] Die gigantische Unternehmung war ein Geisteskind des Harvard-Psychologen Robert Yerkes. Er glaubte nämlich, dass die Psychologie an sich so präzise sei wie eine Naturwissenschaft, vorausgesetzt, es würden genügend Zahlen gesammelt.

Yerkes Idee war eine logische Folge der Zählwut des 19. Jahrhunderts. Damals standardisierten Wissenschaftler nicht nur die Einheiten von Maß und Gewicht, sondern ersannen auch Methoden, um selbst so abstrakte Dinge wie Kriminalität und Armut zu messen.

Danach wollte man die Messlatte auch an die »Intelligenz« legen. Gemeinsam mit anderen Intelligenz-Experten entwarf Yerkes einen ersten Intelligenztest, der auch großflächig durchgeführt werden konnte. Dadurch kam es im Ersten Weltkrieg zu einer Untersuchung historischen Ausmaßes. Überall in den Vereinigten Staaten legte man Rekruten einen Stapel Papier mit Fragen vor, anhand derer ihre Intelligenz ermittelt werden sollte.

Nachdem Yerkes die gesammelten Daten ausgewertet hatte, bot sich ihm ein erschreckendes Bild.[2] Weiße Soldaten besaßen das geistige Entwicklungsalter eines Dreizehnjährigen, Immigranten aus Ost- und Südeuropa schnitten noch schlechter ab. Und ganz unten – mit einem geistigen Entwicklungsalter von 10,4 Jahren – befand sich der schwarze männliche Soldat.

»Mir wäre es auch lieber, wenn Schwarze superintelligent wären.« (Teil 1)

Robert Yerkes kennt heute keiner mehr, doch über den IQ von Schwarzen wird noch immer heftig debattiert. »Die Völker unterscheiden sich in ihrem IQ. Das ist wissenschaftlich bewiesen«, behauptete Yernaz Ramautarsing 2016 in einem Interview auf der journalistischen Website *Brandpunt+*.[3] »Mir wäre es auch lieber, wenn Schwarze superintelligent wären [...]. Aber sie sind es nicht.«

Als sich Ramautarsing zwei Jahre später bei den Amsterdamer Gemeinderatswahlen als Kandidat für die rechtspopulistische Partei »Forum voor Democratie« aufstellen ließ, wirbelte seine Aussage viel Staub auf. Die Kritik war so heftig, dass er sich genötigt sah, seine Kandidatur zurückzuziehen.

Ramautarsing ist mit derartigen Aussagen keine Ausnahme.[4] Seit Yerkes Test wird die Diskussion über den Zusammenhang von Hautfarbe und IQ in jeder Generation neu geführt. Als der Psychologe Arthur Jensen 1969 die Meinung äußerte, der Unterschied zwischen dem IQ von schwarzen und weißen Studenten sei genetisch bedingt, ging ein Aufschrei um die Welt.[5]

1994 veröffentlichten der Politologe Charles Murray und der Psychologe Richard Herrnstein ihr Buch *The Bell Curve*, worin sie die Behauptung aufstellten, dass der schwarze Amerikaner im Durchschnitt einen niedrigeren IQ besitze als der weiße Amerikaner. Außerdem schlugen sie vor, Frauen mit schwacher Intelligenz davon abzubringen, sich fortzupflanzen.[6] 2014 brach erneut eine Kontroverse aus: Der *New-York-Times*-Journalist Nicholas Wade schrieb in seinem Bestseller *A Troublesome Inheritance*, dass unterschiedliche »Rassen« ein Ergebnis der Evolution seien und sich die Unterschiede unter anderem in verschiedenen Intelligenzniveaus niederschlagen.[7]

Am Beispiel von Yerkes Test sieht man, welche weitreichenden Konsequenzen Untersuchungsergebnisse haben können, wenn sie einmal veröffentlicht sind. Dabei genügte seine Untersuchung nicht einmal den Ansprüchen wissenschaftlicher Sorgfalt. Der Umfang eines Intelligenztests an 1,75 Millionen Rekruten mag zwar eindrucksvoll erscheinen, doch die Zahlen waren schlampig und in zu großer Eile zusammengetragen worden. Stephen Jay Gould beschrieb 1981 in *Der falsch vermessene Mensch*[8] die Bedingungen, unter denen die Tests durchgeführt worden waren: Die Testräume besaßen oft kein Mobiliar, sie waren schlecht beleuchtet und so überfüllt, dass die Soldaten, die hinten saßen, nicht hörten, was vorn gesprochen wurde. Manche Soldaten waren erst seit kurzer Zeit in den Vereinigten Staaten und verstanden kaum Englisch. Wieder andere sprachen zwar Englisch, konnten aber weder lesen noch schreiben. Männer, die zum ersten Mal in ihrem Leben einen Stift in Händen hielten, sollten aufschreiben, wie viele Quadrate sie sahen oder welches Symbol in einer Reihe von Symbolen als nächstes folgen müsse.[9] Und das alles unter einem enormen Zeitdruck, denn die nächste Gruppe wartete meist schon draußen vor der Tür.

Eigentlich Gründe genug, den Testergebnissen zu misstrauen. Doch mitnichten: Yerkes' Ergebnis, wonach bestimmte Gruppen weniger intelligent seien als andere, lieferte einigen damals bereits populären Ansichten im Nachhinein eine wissenschaftliche Grundlage. Die Eugenik, die Wissenschaft, die sich der »Verbesserung der menschlichen Rasse« widmet, genoss seit dem Ersten Weltkrieg in Nordamerika und Europa große Beliebtheit. In den 1920er Jahren unterfütterten Abgeordnete im amerikanischen Kongress ihre Argumente in der Einwanderungsdebatte mit den Zahlen aus Yerkes' Rekrutentest. Einige Politiker waren der Ansicht, man müsse Mitglieder jener Bevölkerungsgruppen, die bei dem Rekrutentest besonders schlecht abgeschnitten hatten – also Süd- und Osteuropäer –, an der Einwanderung hindern. Wenig später wurden für diese Gruppen tatsächlich Einwanderungsquoten erstellt.[10] Zwischen 1924 und dem Zweiten Weltkrieg verweigerte man damit Millionen Menschen die Einreise in die Vereinigten Staaten,[11] auch Angehörigen von Bevölkerungsgruppen, die auf der Flucht waren und Hilfe benötigten, wie etwa den Juden.

Außerdem rechtfertigte man 1927 mit den Zahlen des Rekrutentests empörende Gesetzesmaßnahmen zur Sterilisation von angeblich geistig Minderbemittelten: Man legalisierte die Zwangssterilisation. »Drei Generationen von Schwachsinnigen sind genug«, erklärte der Oberste Gerichtshof der Vereinigten Staaten. Erst 1978, nachdem Zehntausende Amerikaner zwangsweise sterilisiert worden waren, wurde die Praxis verboten.[12]

Es ist fast unmöglich, darauf nicht empört zu reagieren. Dennoch machen die furchtbaren Folgen eines Intelligenztests dessen Ergebnisse nicht automatisch unbrauchbar. Zudem bestätigten jüngere Tests Yerkes Befund: Menschen mit schwarzer Hautfarbe schneiden in IQ-Tests im Durchschnitt schlechter ab.

Heißt das, dass die Aussagen über den Zusammenhang von Hautfarbe und IQ stimmen? Hat Ramautarsing also Recht?

44

Ganz und gar nicht! Die Diskussion über den Zusammenhang von IQ und Hautfarbe gehört zu den widerlichsten Beispielen für den missbräuchlichen Einsatz von Zahlen. Und ich erkläre auch, warum.

Ein paar wichtige Vorbemerkungen

Was also bedeutet es, wenn jemand behauptet, dass der IQ einer bestimmten Gruppe niedriger sei als der einer anderen? Zu bedenken ist, dass die meisten Aussagen über den Zusammenhang von Hautfarbe und IQ auf Stichproben aus den Vereinigten Staaten beruhen. Diese Aussagen müssen also insofern eingeschränkt werden, als nicht alle schwarzen Menschen in solchen Tests schwache Ergebnisse erzielen, sondern nur, dass schwarze Amerikaner schlechter abschneiden als weiße Amerikaner.[13]

Doch das ist noch nicht alles. Zahlen zum Zusammenhang zwischen Intelligenzquotienten und Hautfarbe beziehen sich immer auf einen *Durchschnitt*: Auf einen Durchschnitt, der bei der einen Gruppe niedriger ist als bei der anderen. Hinter den beiden Durchschnittszahlen verbirgt sich jedoch eine große Variationsbreite von Ergebnissen, da es auch schwarze Amerikaner mit ausgezeichneten Resultaten gab und weiße Amerikaner, die das untere Spektrum abdeckten. Zieht man die Ergebnisse des oft verwendeten Wechsler-Tests hinzu, lässt sich erkennen, dass sich die beiden Gruppen stark überlappen (vgl. Abbildung). Den Testergebnissen zufolge sind also viele schwarze Amerikaner intelligenter als der durchschnittliche weiße Amerikaner. Und umgekehrt: Viele weiße Amerikaner erzielen schwächere Ergebnisse als der Durchschnitt der schwarzen Amerikaner. Kurz: ein Durchschnittswert sagt wenig über ein Individuum aus.

45

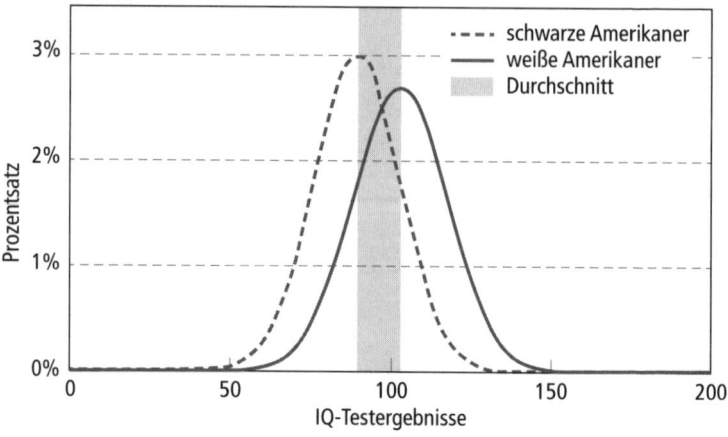

IQ-Verteilung von weißen und schwarzen Amerikanern

- - - - schwarze Amerikaner
——— weiße Amerikaner
░░░░ Durchschnitt

Testergebnisse auf der Wechsler Adult Intelligence Scale (WAIS). Quelle: William Dickens und James Flynn (2006).[14]

Eine weitere wichtige Frage ist: Was bedeuten »Schwarz« und »Weiß« eigentlich? Bei Tests liegt es oft im Ermessen der Getesteten anzugeben, welcher Bevölkerungsgruppe sie angehören. Doch solche Gruppenzugehörigkeiten können sich verändern: So zählten früher etwa in den Vereinigten Staaten Italiener nicht zu den Weißen[15], und in Brasilien ist man Schwarz, wenn man kein Europäer ist.[16] Millionen Amerikaner rechneten sich bei der Volkszählung von 2010 einer anderen Bevölkerungsgruppe zu als zehn Jahre zuvor.[17] Das heißt, zu welcher Gruppe man gehört, hängt nicht allein von der Hautfarbe ab, sondern auch vom Ort und vom Zeitpunkt der Befragung.

Diese Vorbemerkungen zur Herkunft der Daten, zu den Grenzen von Durchschnittswerten und zur Bedeutung von »Schwarz« und »Weiß« sollen helfen, die drastischen Thesen über den Zusammenhang zwischen Hautfarbe und Intelligenz zu erläutern und zu relativieren, und zwar noch bevor wir überhaupt wissen, was genau ein Intelligenzquotient eigentlich misst.

Intermezzo: Wenn in einem Bus voller Menschen plötzlich nur noch Millionäre sitzen

Noch etwas zum Durchschnittswert: Ausreißer bei den Messungen können zwar große Auswirkungen haben, beim IQ spielen diese jedoch nur eine untergeordnete Rolle, da sich die Testergebnisse nahezu symmetrisch verteilen – links vom Durchschnittswert befinden sich genauso viele Menschen wie rechts davon.[18] Doch wie ist das beim Einkommen? Ungefähr 7,3 Millionen Niederländer – mehr als die Hälfte der Einkommensberechtigten – verdienten 2016 weniger als 30 000 Euro brutto pro Jahr, wohingegen fast eine halbe Million Menschen ein Einkommen von mehr als 100 000 Euro pro Jahr besaß.[19] Diese Großverdiener heben den Durchschnittswert enorm, was ein alter Statistiker-Witz ausgezeichnet illustriert: Wenn Bill Gates in einen vollbesetzten Bus steigt, wird jeder Passagier zum Millionär.

Aufgrund solcher Ausreißer spricht man heute lieber vom Durchschnittseinkommen als vom »modalen« (abgeleitet vom Begriff »Modus« = häufigster Wert in einer Stichprobe) beziehungsweise »häufigsten« Einkommen. Um zu vermeiden, dass die Ausreißer den Wert verfälschen, ist auch vom »medianen« oder »mittleren« Einkommen die Rede. Würden alle Niederländer gemäß der Höhe ihrer Einkommen aufgereiht und dann die Person herausgegriffen, die sich genau in der Mitte befindet, wäre deren monatlicher Verdienst das sogenannte mediane Einkommen.

47

Fünf subjektive Entscheidungen

Zeit für die Gretchenfrage: Was misst der IQ eigentlich? Wir haben oben festgestellt, dass Standardisieren, Sammeln und Analysieren für den heute allgegenwärtigen Einsatz von Zahlen mitverantwortlich sind. Außerdem müssen alle Forscher diese Arbeitsschritte durchlaufen, wenn Zahlen bei ihren Forschungen eine Funktion erfüllen sollen.

Der erste Schritt – Standardisieren – ist für den IQ elementar. Beim Standardisieren eines so abstrakten Konzepts wie der Intelligenz stehen einige wichtige Entscheidungen an. Obwohl Zahlen eine Aura der Objektivität besitzen, sind diese Entscheidungen oft vollkommen subjektiv. Das war bei den ersten Wissenschaftlern, die sich mit IQ-Tests beschäftigten, nicht anders. Sie trafen fünf Entscheidungen, die alles andere als objektiv zu nennen sind.

1. Was man misst, ist erfunden

Robert Yerkes ließ sich für seinen Test von dem Begründer des IQ-Tests, dem Psychologen Alfred Binet, inspirieren.[20] Wüsste der Franzose, dass die Ergebnisse von Intelligenztests dazu benutzt wurden und werden, Menschen zu diskriminieren, würde er sich im Grab umdrehen. Binet hatte nämlich, als er 1904 mithilfe des Studenten Theodore Simon Intelligenz messbar machte, ein ganz anderes Ziel im Sinn: Er wollte Kindern helfen. Das französische Bildungs- und Erziehungsministerium hatte ihn beauftragt, eine Methode zur Ermittlung von Schülern zu entwickeln, die Förderunterricht benötigten.

Anfangs versuchte Binet, die Intelligenz der Schüler mit einer seit längerem bekannten Technik zu bestimmen: mit der Schädelmessung. Dabei wird davon ausgegangen, dass sich die Intelligenz eines Menschen proportional zu seinem Schädelumfang verhält. Doch Binet stellte bereits nach wenigen Mes-

48

sungen fest, dass die Unterschiede im Schädelumfang von guten und schlechten Schülern nur »extrêmement petite«, verschwindend gering, waren.

Er entschloss sich zu einem anderen Verfahren der Intelligenzmessung und entwickelte einen Test, bei dem der Schwierigkeitsgrad der Aufgaben kontinuierlich zunahm. Die letzte Frage, die die Schüler richtig beantworteten, zeigte ihr »Intelligenzalter« an. Lag das Intelligenzalter eines Kindes weit unter dem Lebensalter, musste es Förderunterricht erhalten. Damit erfand Binet den ersten Intelligenztest. Kurz danach entwickelte der Psychologe William Stern den berühmten Intelligenzquotienten (IQ), der sich dadurch ergibt, dass man das Intelligenzalter durch das Lebensalter eines Menschen teilt.

Nach der erfolgreichen Einführung des Ur-Kilogramms und des Ur-Meters wurden immer mehr Dinge messbar gemacht. Bei Maß und Gewicht war das nicht schwierig, weil jeder ahnte, welche Konzepte damit dargestellt werden sollten: wie lang etwas war oder wie schwer. Maßeinheiten wie Meter und Kilogramm vermaßen etwas *Konkretes*.

Wie bereits erwähnt, tauchten im 19. Jahrhundert plötzlich Zahlen ganz anderer Art auf. Zahlen zu abstrakten Konzepten wie Wirtschaft, Kriminalität, Bildung oder zu jenem Konzept, das das Leben aller Menschen beherrscht: Geld! An sich sind unsere Münzen und Geldscheine vollkommen wertlos. Man kann sie weder essen noch etwas mit ihnen bauen, und sie können auch keine Krankheiten heilen.[21] Dennoch sind sich alle einig, dass Münzen und Scheine einen Wert darstellen. Und wir verlassen uns darauf, dass sich alle Menschen – und auch der Staat – an diese Vereinbarung halten.

Solche Vereinbarungen haben es ermöglicht, dass wir heute größere Gemeinschaften bilden können als noch unsere Jäger-Sammler-Vorfahren. Nationen, Menschenrechte, Religionen – das sind gemeinschaftliche Gedankenkonstrukte, die

die geistige Tätigkeit aller daran beteiligten Menschen in eine bestimmte Richtung lenken. Gefährlich wird es, wenn wir derartige Vereinbarungen für objektiv und unumstößlich halten und vergessen, dass Begriffe wie Wohlstand oder Bildungsniveau nur erfundene Konzepte sind. Das nennt man Reifikation (abgeleitet vom lateinischen Wort res = Ding): Verdinglichung also. Wir denken uns etwas aus, vergessen aber danach, dass wir es uns nur ausgedacht haben, und glauben, es existiert wirklich.

Unterziehen wir solch ein abstraktes Konzept einer Messung, statten wir es automatisch mit einer Aura der Objektivität aus. Zum Beispiel das Bruttoinlandsprodukt (BIP), der wichtigste Gradmesser für unsere Wirtschaft. Sinkt das BIP, befinden wir uns in einer Rezession. Verlangen die Politiker daraufhin, dass wir unsere Gürtel enger schnallen sollen, dann deshalb, weil sie der Überzeugung sind, es komme dem BIP zugute.

Der Gradmesser BIP hat somit für den Einzelnen konkrete Folgen: Er kann seinen Job verlieren, muss mehr Steuern zahlen oder erhält im Gegenteil höhere finanzielle Zuwendungen. Das BIP scheint ein unumstößliches Naturgesetz zu sein. Doch das ist es nicht. Das Konzept BIP ist noch keine hundert Jahre alt.

Das Bruttoinlandsprodukt wurde in den Jahren vor dem Zweiten Weltkrieg in den Vereinigten Staaten erfunden.[22] Damals befanden sich die USA in einer tiefen Depression. Doch wie es wirklich um die Wirtschaft bestellt war, wusste keiner. Es existierten einige unverbindliche Statistiken über Preise und Transportwesen, aber keine einzige Zahl, die den wahren Zustand der amerikanischen Wirtschaft zusammenfassend wiedergab.

Also beauftragte die US-Regierung den Wirtschaftswissenschaftler und Statistiker Simon Kuznets, das »Nationaleinkommen« zu berechnen.[23] Kuznets machte sich an die Aufgabe und addierte präzise die Einkommen aller Haushalte und Betriebe. Als er 1934 die ersten Zahlen präsentierte, zeichneten diese ein dramatisches Bild: Zwischen 1929 und 1932 hatte sich das Nationaleinkommen der Vereinigten Staaten *halbiert*.[24] Zum ersten Mal hatte jemand die Temperatur der amerikanischen Wirtschaft gemessen und festgestellt, dass sich diese kurz vor dem Gefrierpunkt befand.

In den Jahren danach äußerte die amerikanische Regierung immer öfter Kritik an Kuznets Konzept vom Nationaleinkommen, das sich – mit dem Krieg vor Augen – in politischer Hinsicht als wenig praktikabel erwies. Der Staat wollte lieber Geld in Waffen als in Menschen stecken. Doch durch solche Regierungsausgaben würde das nach Kuznets Methode berechnete Nationaleinkommen effektiv sinken, wodurch am Ende wohl auch die Unterstützung der Amerikaner für den Krieg sinken würde. Einen Ausweg aus diesem Dilemma bot ein anderer Berechnungsmaßstab – das Bruttoinlandsprodukt. Mit dessen Hilfe sollte der Wert aller produzierten Güter und Dienstleistungen eines Landes dargestellt werden, *inklusive* der des Staates. Von da an waren Bombenflugzeuge gut für die Wirtschaft.

Kuznets hielt nicht viel von diesem Plan. Er war der Meinung, dass ein wirtschaftlicher Maßstab den *Wohlstand* eines Landes messen sollte, Waffen hatten seiner Meinung nach dabei nichts zu suchen. Doch die Bedenken Kuznets wurden beiseite gewischt. 1942 veröffentlichte man das erste amerikanische BIP – Verteidigungsausgaben eingeschlossen.[25] Das heißt: Die Zahl des BIP beruht nicht auf einem Naturgesetz, sondern einzig und allein auf politischen Erwägungen.

Heutzutage scheinen Politiker und Entscheidungsträger oft zu vergessen, dass das BIP ein Gedankenkonstrukt ist. Stattdessen stellen sie es gerne als objektiven Gradmesser dar, zum Beispiel wenn es gilt, »notwendige« Sparmaßnahmen zu rechtfertigen.[26] Aber das BIP kann nicht so konkret gemessen werden

51

wie die Schwerkraft, und die Tatsache, dass es durch eine Zahl dargestellt wird, macht es nicht »realistischer«.

Doch zurück zu Yerkes und seinem Rekrutentest: Mit der Intelligenz verhält es sich genauso. Sie ist ein vom Menschen erdachtes Konstrukt, das einer Messung unterzogen wird.

Intermezzo: Wenn sich drei Rezessionen plötzlich in Luft auflösen

Es kann fatal sein, BIP-Zahlen für real zu halten, vor allem, wenn man vergisst, dass sie nicht immer so genau sind, wie sie zu sein scheinen.[27] Im Juli 2015 gab das amerikanische Bureau of Economic Analysis an, dass die Wirtschaft der Vereinigten Staaten im letzten Quartal um 2,3 Prozent gewachsen sei. Einen Monat später wurde die Zahl auf 3,7 korrigiert, um im darauffolgenden Monat nochmals auf 3,9 Prozent erhöht zu werden.

Waren die Statistiker urlaubsreif oder schlicht unfähig? Keines von beiden. Die Korrektur von Wirtschaftszahlen ist eine ganz alltägliche Sache, auch in anderen Ländern. Kein Wunder, wenn man weiß, wie viele Informationen nötig sind, um eine solche Zahl zu generieren. Von den Steuern bis zu den Verteidigungsausgaben (ja, die zählen noch immer mit), vom Import zum Export – alles muss mit einberechnet werden. Diese Daten zu sammeln kostet viel Zeit und ist ein Prozess, der niemals abgeschlossen wird, weshalb es im Grunde recht merkwürdig ist, dass die Zahlen derart genau – bis auf die Zahl hinter dem Komma – publiziert und von allen übernommen werden. (Im dritten Kapitel werde ich mich ausführlicher der Ungenauigkeit von Zahlen widmen.)

Manchmal verändern nachgelieferte Daten das Bild der Wirtschaft radikal. Sie entscheiden zum Beispiel darüber, ob ein Land sich in einer Rezession befindet oder nicht. 1996 stellte man aufgrund von Wirtschaftsdaten fest, dass die britische Wirtschaft zwischen 1955 und 1995 zehn Rezessionen durchlaufen hatte. In solchen Zeiten herrschen Einsparungen, Entlassungen etc. – und ein Land ist nicht, wie es sein soll. Eine Datenbasis aus dem Jahr 2012 aber zeichnete plötzlich ein weit freundlicheres Bild: Sie besagte, dass es im selben Zeitraum nur sieben Rezessionen gegeben habe. Drei Rezessionen hatten sich, puff, einfach in Luft aufgelöst.[28]

2. Was man misst, beruht auf einem Werturteil

2007 sammelten die Forscher Shane Legg und Marcus Hutter – beides Spezialisten für Künstliche Intelligenz – sämtliche Definitionen von Intelligenz, die sie finden konnten.[29] Die Ernte war üppig: Sie fanden mehr als siebzig verschiedene Umschreibungen des Phänomens. Daraufhin prüften sie, worin sich die Definitionen überlappten, und destillierten eine Definition heraus, die alle anderen mit einschloss:»Intelligenz misst die Fähigkeit eines Agenten, Ziele in einer Vielzahl von Umgebungen zu erreichen.«[30]

Auch wenn Legg und Hutters Formulierung sämtlichen Definitionen gerecht wird, als Umschreibung für Intelligenz ist sie entsetzlich vage. Demnach wäre es sogar intelligent, wenn es einem gelänge, nachts durchs Haus zu schleichen und eine Flasche Wein aus dem Kühlschrank zu nehmen, ohne dass es jemand merkt. Doch solche Aufgaben finden sich in Intelligenztests selten.

Welche Aufgaben aber finden sich in einem Intelligenztest? In dem bereits erwähnten Wechsler-Test stehen Aufgaben, die sich auf Wortschatz, logische Ziffernfolgen und räumliches Sehen beziehen – alles Dinge, die mit abstraktem Denken zusammenhängen.[31] Das war bereits beim ersten Intelligenztest von Alfred Binet der Fall, von dem sich Yerkes für seinen

Rekrutentest hatte inspirieren lassen. Bei Binets Test sollten sich Kinder eine Reihe von Zahlen merken oder die Unterschiede zwischen zwei Gegenständen bestimmen.

Für uns ist es heute selbstverständlich, solche abstrakten Sachverhalte mit Intelligenz in Verbindung zu bringen. Doch ein Blick zurück in die 1930er Jahre zeigt, dass diese Sichtweise recht eindimensional ist.

Der Neuropsychologe Alexander Luria beschreibt in seiner Autobiografie eine Reise nach Usbekistan.[32] Damals durchlief das Land einen raschen Modernisierungsprozess, und Luria wollte erkunden, ob die neuen Entwicklungen eine andere Art des Denkens nach sich zogen. Dazu befragte er zusammen mit Kollegen auch den in einem abgelegenen Teil Usbekistans lebenden dreißigjährigen Bauer Rakmat.

Die Wissenschaftler zeigten dem Mann Zeichnungen, auf denen ein Hammer, eine Säge, ein Holzblock und ein Beil abgebildet waren. Er sollte sagen, welcher Gegenstand nicht in die Reihe passte. Seine Antwort:»Die Gegenstände gehören alle in die Reihe, denn sie sind alle gleich nützlich. Schau, wenn du sägen willst, brauchst du eine Säge. Wenn du Holz spalten willst, brauchst du ein Beil. Man braucht alle vier Werkzeuge.«

Die Forscher versuchten Rakmat zu erklären, dass er die Aufgabe nicht richtig verstanden habe. Er solle sich ein anderes Beispiel vorstellen: Hat man drei Erwachsene und ein Kind vor sich, dann gehört das Kind nicht in die Gruppe. »Nein«, antwortete Rakmat,»das Kind muss unbedingt bei den Erwachsenen bleiben. Wenn die drei Erwachsenen arbeiten, können sie nicht immer hin und herlaufen. Dann kämen sie mit ihrer Arbeit nie zu Ende. Der Junge kann das für sie tun ...«

Das Gespräch mit Rakmat zeigt, dass es mehrere Möglichkeiten des Kategorisierens gibt. Kategorisieren ist ein fester

Bestandteil jedes Intelligenztests. Was für eine Art Intelligenztest würde sich Rakmat wohl für uns ausdenken? Er würde vermutlich prüfen, ob wir über Fähigkeiten verfügen, die für seine Gemeinschaft nützlich sind. Der Usbeke würde testen, ob man weiß, wie man einen Vogel schießt oder Kohl für den Winter haltbar macht. Die meisten von uns würden bei Rakmats Intelligenztest mit Pauken und Trompeten durchfallen, wie übrigens auch bei einem Test, den ein Massai oder ein Inuit erfinden würde. Angesichts unserer Testergebnisse würden sie uns als geistig zurückgeblieben einstufen.

Aber weder Rakmat noch eine Krankenschwester, ein Zimmermann oder eine Verkäuferin haben unseren IQ-Test erfunden. Es waren Menschen wie Binet und Yerkes, westliche, hochgebildete Männer, die von Zahlen fasziniert waren. Ihre Tests prüfen nicht, ob man einen Kranken gut versorgen oder einen Tisch zimmern kann. Auch nicht, ob man über soziale Fähigkeiten verfügt. Das einzige, das bei ihnen zählt, ist, ob man Ziffernreihen vervollständigen kann, Metaphern versteht oder in den richtigen Kategorien denkt. (Jene Art des Denkens also, das ich bei meinen Forschungen in Bolivien bei meinen Testpersonen vorausgesetzt hatte und dessen Mangel mich dazu veranlasste zu glauben, Juanita wäre dazu nicht imstande.)

Das abstrakte Denken ist inzwischen so vorherrschend geworden, dass es den Anschein hat, es mache wahre Intelligenz aus. Doch dass wir es für die beste Art des Denkens halten, beruht nicht auf einer objektiv gefassten Einschätzung, sondern auf einem *Werturteil*.

Dasselbe gilt für das BIP. Obwohl Simon Kuznets der Ansicht war, dass das Maß des BIP kein tauglicher Wohlstandsindikator sei, wird er seit dem Zweiten Weltkrieg als solcher eingesetzt. Wirtschaftswachstum – eine Zunahme des BIP – ist für viele Regierungen das höchste Gut. Womit sie dem BIP automatisch einen besonderen Wert zumessen: Alles, was in diesen

Wert einfließt, scheint von immenser Wichtigkeit zu sein, obwohl zahlreiche Menschen auch Dinge für wertvoll halten, die mit ihm gar nichts zu tun haben. Industrien, die die Umwelt stark verschmutzen, sind beispielsweise gut für das BIP, aber schlecht für die Natur. Eine zunehmend unsichere Gesellschaft bedeutet wirtschaftliches Wachstum, weil die Menschen Überwachungskameras oder zusätzliche Sicherheitsschlösser für ihre Türen kaufen.[33] Und dann gibt es natürlich noch all das, was *nicht* in das BIP miteinfließt! Die Niederländer verbringen durchschnittlich 22 Wochenstunden mit Putzen, Kinderbetreuung oder Pflege eines kranken oder greisen Angehörigen.[34] Für das BIP werden all diese Tätigkeiten nicht berücksichtigt. Sie würden es jedoch – und das ist das Groteske daran –, wenn wir jemanden dafür bezahlten.

Doch es gilt nicht nur, dass wir messen und berechnen, was uns wichtig ist, sondern auch das Umgekehrte: Was wir messen und berechnen, *wird* wichtig. Das BIP wird bei vielen politischen Entscheidungen als Grundlage herangezogen. US-Präsident Donald Trump benutzt das Wirtschaftswachstum als Rechtfertigung für seinen Handelskrieg.[35] Und ein Land wird nur auf Basis seines BIP in die Wirtschafts- und Währungsunion des Euro aufgenommen.[36]

Auch IQ-Tests dienen vielfältigen Interessen. Sie werden eingesetzt, wenn jemand angeworben oder ausgewählt werden soll. Bei Bildungstests wie dem niederländischen Cito-Test, der über die weiterführende Schule entscheidet, oder dem amerikanischen SAT, der die Studierfähigkeit bewertet, dreht sich alles um das abstrakte Denken. Die Ergebnisse dieser Tests bestimmen die Zukunft eines Menschen entscheidend.[37] Das zeigt, wie sehr die von uns erdachten Wertmesser unser Leben kontrollieren.

3. Wir messen nur, was wir zählen können

Die Frage steht immer noch im Raum: Was ist eigentlich Intelligenz? Wir haben gesehen, dass die zahlreichen Definitionen der Intelligenz so vage sind, dass sich daraus kaum konkrete Zahlen ableiten lassen. Wer etwas messen will, muss jedoch scharf abgrenzen können. Der Statistiker Charles Spearman griff deshalb 1904 zu einem Trick, um eine Definition der Intelligenz zu vermeiden.[38] Warum soll man etwas in Worte fassen, wenn man die Zahlen für sich sprechen lassen kann?

Spearman analysierte zahlreiche Testergebnisse und erkannte, dass Menschen, die bei einem Test hohe Werte erzielten, auch bei anderen Tests gut abschnitten. Alle Testergebnisse mussten also etwas Gemeinsames haben. Doch was war das? Spearman fing an zu rechnen und fand heraus, dass sich alle Testdaten einer Person auf eine einzige Zahl reduzieren ließen.[39] Er nannte diese Zahl den »g-Faktor« und beschloss, dass dieser Wert die allgemeine Intelligenz einer Person wiedergeben sollte (das g steht für *general*, also »allgemein«).

Wie Yerkes wollte auch Spearman aus der Psychologie eine Art Naturwissenschaft machen. Mit dem g-Faktor glaubte er seinem Traum ein Stück näher gerückt zu sein. Der recht eitle Spearman war überzeugt, seine Entdeckung komme einer Kopernikanischen Wende gleich.[40]

Spearman veröffentlichte seine Erkenntnisse in einem Artikel mit dem jeden Zweifel ausschließenden Titel »»General Intelligence«. Objectively Measured and Determined«.[41] Aber war Spearman wirklich so objektiv vorgegangen, wie er im Titel seines Aufsatzes behauptete? Selbst wenn man akzeptiert, dass Intelligenztests nur das abstrakte Denken messen und vieles unberücksichtigt lassen müssen, bleibt folgendes Problem bestehen: Bei seiner Methode erfolgt die Eingabe ausschließlich durch Zahlen. Für ihn zählte nur, was *zählbar* war. Dadurch ließ er alles weg, was zwar ebenfalls mit abstraktem Denken zu tun hatte, aber nicht quantifizierbar war – die Qualität eines Essays, die Kreativität einer Lösung –, oder was einfach zu lange dauerte, um in wissenschaftlichen Tests erfasst zu werden – zum Beispiel, wie schnell jemand eine Sprache lernt, wie jemand sich verhält, nachdem er einen Fehler gemacht hat.

Das heißt: Ein IQ-Test misst die Intelligenz indirekt und nicht direkt. Damit ist das Ergebnis eines IQ-Tests ein *proxy*, ein Stellvertreterwert. So weit, so gut. Der IQ hilft den Psychologen, die Stärken und Schwächen eines Individuums zu beurteilen. Meist jedoch geben sie sich mit dieser einen Zahl nicht zufrieden und analysieren die Ergebnisse einzelner untergeordneter Tests, bevor sie die Zahlen mit den eigenen Beobachtungen vergleichen.

Wenn aber der Intelligenzquotient *synonym* zur Intelligenz verwendet wird, dann heißt es: Aufgepasst! Genau das geschieht bei den Diskussionen über den Zusammenhang von Intelligenz und Hautfarbe. Der IQ wird als realer Fakt betrachtet und nicht als ein *proxy*. Damit trifft zu, was der Psychologe Edwin Boring bereits 1923 festgestellt hat: »Intelligenz ist das, was die Tests testen.«[42]

In unserer Gesellschaft werden Zahlen andauernd synonym zur komplizierten Realität verwendet, die sie doch nur annähernd wiedergeben sollen. Zum Beispiel bei der Arbeit. In fast jedem Job wird man nach Zählbarem beurteilt: Wie viele Stunden man arbeitet, wie viele Kunden man anwirbt, wie vielen Patienten man hilft. Doch manchmal sind die wirklich wichtigen Dinge nur schwer zählbar: Wie nachhaltig ist ein Kundenkontakt? Wie freundlich sind Pflegekräfte im Umgang mit Patienten? Ganz im Sinne des Spruchs, der angeblich in Albert Einsteins Arbeitszimmer an der Wand hing: »Nicht alles, was zählt, kann gezählt werden. Und nicht alles, was gezählt werden kann, zählt.«

Dass man Arbeitsfortschritte mithilfe von Zahlen protokolliert, ist, wie der IQ-Test auch, an sich nichts Schlechtes. Die Daten geben Aufschluss über alles, was die Arbeit betrifft. Problematisch wird es erst, wenn die erhobenen Zahlen mit der Qualität der Arbeit gleichgesetzt werden und außer Acht gelassen wird, was der Beurteilte in seiner Arbeitszeit sonst noch erledigt. Ein Beispiel dafür, wie kurzsichtig nur auf Zahlen gestarrt wird, findet sich in den Niederlanden, wo die Leistung von Polizeirevieren eine Zeitlang danach beurteilt wurde, wie viele Strafzettel die zum Revier gehörenden Beamten verteilten.[43] Was war die Folge? Es wurden spezielle »Strafzetteltage« anberaumt, an denen die Polizisten so viele Strafzettel wie möglich verteilen sollten. Ordnungswidrigkeiten, die die Beamten bis dahin kulant übersehen hatten – Fahrradfahren ohne Licht oder Autofahren ohne Sicherheitsgurt – wurden plötzlich geahndet. Und die Hauptmotivation dieses Vorgehens bestand gewiss nicht darin, die Verkehrssicherheit zu erhöhen.

Als in Großbritannien beschlossen wurde, dass Menschen in der Notaufnahme innerhalb von vier Stunden behandelt werden müssen, griffen die Krankenhäuser zu weitreichenden Tricks. Kranke oder verunfallte Menschen wurden in den Krankenwagen zurückgehalten oder übereilt stationär aufgenommen, damit die vorgegebene Zeit in der Notaufnahme nicht überschritten wurde.[44] Die Realität der Zahlen bewies angeblich, dass sich die Qualität der Arbeit in der Notaufnahme eindeutig verbessert habe, doch die Realität sprach eine andere, eine traurigere Sprache.

Waren die Anzahl der verteilten Strafzettel oder die Wartezeit in der Notaufnahme ursprünglich Kriterien, mit denen sich die Arbeitsqualität einer Polizeiwache oder eines Krankenhauses beurteilen ließ, verwandelten sich diese Zahlen in eine Quelle des Misstrauens. Jetzt konzentrierte man sich nicht mehr auf das, was wirklich wichtig war, sondern nur noch auf die *proxys*.

Immer wieder zeigt sich, dass die Menschen in ähnlichen Fällen dazu übergehen, für Zahlen zu tricksen. Entweder indem sie direkt betrügen oder ihr Verhalten den erwünschten Zahlen anpassen. Man nennt das auch Goodharts Gesetz, nach dem Ökonomen Charles Goodhart: »Wenn ein Maß zum Ziel wird, ist es kein gutes Maß mehr.«[45] Zahlen sind wie Seifen, je fester man sie zu greifen versucht, desto glitschiger werden sie.

4. Alle Messungen enden in einer Zahl

Es gibt noch eine weitere wichtige Entscheidung, die die Entwicklung des Intelligenzquotienten beeinflusst hat: dass Intelligenz in einer einzigen Zahl wiedergegeben werden kann. Binet – der Mann hinter dem ersten IQ-Test – hielt das für keine gute Sache. »Die Skala«, so lauteten seine warnenden Worte, »gestattet eigentlich nicht, die Intelligenz zu messen, weil intellektuelle Eigenschaften nicht übereinandergelegt werden können«.[46]

Viele Psychologen teilten Binets Meinung. Der britisch-amerikanische Psychologe Raymond Cattell sprach von zwei Faktoren der Intelligenz. Auf der einen Seite stehen das Wissen und die Erfahrungen, die man besitzt – das ist die kristalline Intelligenz –, auf der anderen Seite finden sich Fähigkeiten wie logisches Denken – die fluide Intelligenz. Cattell war Mitbegründer des Cattell-Horn-Carroll-Modells (CHC-Modell), das ebenfalls von mehreren Faktoren der Intelligenz ausgeht, nämlich von acht »breiten Fähigkeiten«, unter ihnen zum Beispiel vorhandenes Wissen oder Mustererkennung.[47]

Doch ungeachtet einer Vielzahl von Fähigkeiten geht auch diese Theorie davon aus, dass sich Intelligenz durch einen einzigen, alles zusammenfassenden g-Faktor darstellen lässt. Das CHC-Modell beeinflusste zahlreiche moderne Intelligenztests. Auch wenn IQ-Tests heute die Ergebnisse für einzelne Teilbereiche separat berechnen, steht am Ende dann doch wieder eine einzige Zahl: der IQ.

Selbst bei Binet, der so entschieden dagegen war, die Intelligenz mit einer einzigen Zahl darzustellen, gab es pro Testperson mit der Angabe des Intelligenzalters auch nur eine einzige Zahl. Warum? Ich konnte keinen Grund dafür finden, habe aber so eine Ahnung: Eine einzelne Zahl ist so herrlich übersichtlich.

Als der Wirtschaftswissenschaftler Simon Kuznets seine Angaben zum Zustand der amerikanischen Wirtschaft veröffentlichte, zeigte sich, wie wirkungsvoll die Darstellung der nationalen Wirtschaftskraft mittels einer einzigen Zahl war.[48] Existierten vorher nur unzusammenhängende Zahlen und Ziffern, war jetzt im Nu ersichtlich, was Sache war. Das erregte Aufmerksamkeit. Kuznets Bericht wurde ein Bestseller – wohlgemerkt in einer Krisenzeit –, und Präsident Franklin D. Roosevelt berief sich bei der Ausrufung des New Deal, seines wirtschaftlichen Reformprogramms, das die USA von der Großen Depression befreien sollte, auf Kuznets Zahlen.

Will man etwas Komplexes wie die Wirtschaft mithilfe einer einzigen Zahl wiedergeben, muss man zwangsläufig etwas weglassen. Im Fall des BIP also alles, was nicht in Geld ausgedrückt werden kann. Dagegen forderte der Wirtschaftswissenschaftler und Philosoph Amartya Sen, der 1998 den Wirtschaftsnobelpreis erhielt, dass die Entwicklung eines Landes sich auf mehr konzentrieren müsse als nur auf Geld.[49] Die Bewohner eines Landes müssen auch Zugang zu einem guten Bildungs- und Gesundheitswesen haben.

Aus diesem Grund entwickelte Sen 1990 mit Mahbub ul Haq den Index der menschlichen Entwicklungen (*Human Development Index*, abgekürzt: HDI). Dieser Index berücksichtigt drei Faktoren: Lebenserwartung, Dauer der Ausbildung und Einkommen. Je höher der HDI-Wert, desto entwickelter ist ein Land.

Inzwischen ist der Index zu einem populären Maß für die Entwicklung eines Landes geworden. 2018 gewann Norwegen mit einem Wert von 0,953 die Goldmedaille,[50] während Niger mit einem HDI-Wert von 0,354 das Schlusslicht bildete. Deutschland kam immerhin auf den fünften Platz, die Niederlande auf den zehnten.

Obwohl es Vorteile hat, zur Bestimmung des Entwicklungsgrads eines Landes mehrere Parameter heranzuziehen, wird auch beim HDI ein kompliziertes Konzept zwanghaft auf eine einzige Zahl reduziert. Wenn man einem Land jeweils eine Zahl zuordnet, lassen sich problemlos Informationen austauschen und lässt sich noch problemloser eine Liste erstellen, bei dem die Gewinner oben und die Verlierer ganz unten stehen. Ähnlich, wie man Menschen leichter in einer Liste fassen kann, wenn man ihre Intelligenz mit einer einzigen Zahl wiedergibt.

Intermezzo: Wenn Bestenlisten eigentlich keine Bestenlisten sind

Mein Buch ist natürlich nicht der größte Bestseller aller Zeiten. (Obwohl es der größte Bestseller mit diesem Titel ist.) Es ist eine Anspielung auf die allgegenwärtigen Bestenlisten, etwa mit den glücklichsten Ländern, den besten Ölkrapfen, den besten Kliniken etc. – alles hübsch ordentlich mit einer Zahl versehen.

Manche dieser Bestenlisten sind absoluter Blödsinn. Nachdem in der Niederländischen Talkshow »Jinek« ein Krapfenbäcker berichtet hatte, wie er es in einer Geschmacksbestenliste der Tageszeitung *Algemeen Dagblad* (AD) auf den ersten Platz geschafft hatte, stellte sich heraus, dass die Zahlen manipuliert waren.[51] Die einzelnen Bewertungen der Jury hatten bei keinem einzigen Krapfen unter einer Drei gelegen, doch der Chefredakteur ordnete an, die Ergebnisse auf eine Skala von eins bis zehn umzurechnen, damit die vergebenen Noten weiter auseinanderlagen.[52] Inzwischen verzichtet die Tageszeitung auf solche Geschmackstests.

Die Bestenliste der Krankenhäuser in den Niederlanden, die jährlich von der Zeitung AD veröffentlicht wird, ist auch nicht viel besser. Denn jedes Jahr erstellt die AD einen neuen Kriterienkatalog zur Beurteilung der Krankenhäuser. Das führt dazu, dass die Krankenhäuser innerhalb eines Jahres um durchschnittlich bis zu 25 Positionen auf- oder absteigen können.[53] So fanden sich fast alle Krankenhäuser, die in einem Jahr die Top Ten bildeten, im Folgejahr auf den unteren Rängen wieder. Das heißt, wer sich den Namen des »besten« Krankenhauses gemerkt hat, wird, wenn er die Klinik wirklich braucht, höchstwahrscheinlich erfahren, dass sie längst nicht mehr das beste Krankenhaus ist.

Doch kehren wir zurück zur Zahl als Maßeinheit für so etwas Abstraktes wie die menschliche Intelligenz. Dagegen lässt sich noch ein weiteres Argument anführen. Um ein Konzept zu messen, gibt es meist mehrere Möglichkeiten. Als Beispiel dient noch einmal der *Human Development Index*: Wie addiert man Lebenserwartung, Ausbildungsdauer und Einkommen? Was ist mit der Ungleichheit innerhalb eines Landes? Spielen die Unterschiede zwischen Mann und Frau nicht auch eine Rolle? Das sind alles Fragen, auf die es keine eindeutigen Antworten gibt.

Diese Fragen sind übrigens nicht auf meinem Mist gewachsen: Die Vereinten Nationen veröffentlichen neben dem *Human Development Index* auch einen Ungleichheitsbereinigten Index der menschlichen Entwicklung (*Inequality-adjusted Human Development Index*, abgekürzt IHDI) und einen Index der geschlechtsspezifischen Ungleichheit (*Gender Inequality Index,* abgekürzt GII). Diesen Indizes kann man entnehmen, welche Ergebnisse die einzelnen Länder bei den unterschiedlichen Teilbereichen erzielen, welche Grenzen das Maß hat und welche nicht-messbaren Dimensionen.[54]

Doch für solch nuancierte Werte interessieren sich die Zeitungen selten. Eine einzige Zahl ermöglicht scheinbar eine bequeme Erkenntnis der Wirklichkeit, mehrere Zahlen dagegen sind Spielverderber. Sie führen nur zu einer Welt des Abers und der Es-sei-denns.

Die Zahlen, die über Hunger existieren, hängen zum Beispiel stark davon ab, wie man Hunger definiert.[55] Die *Food and Agriculture Organization* (FAO) bezeichnet einen Menschen als unterernährt, wenn er mindestens ein Jahr lang zu wenig Kalorien zu sich nimmt. Doch was heißt »zu wenig«? Die Antwort auf diese Frage hängt unter anderem davon ab, ob jemand den ganzen Tag hinter dem Schreibtisch sitzt oder ohne helfende Technik sein Land pflügen muss.

Die FAO führte 2012 selbst alternative Berechnungen durch und fand heraus, dass die Definition von Hunger die Zahlen stark beeinflusste.[56] Einmal konnte im Lauf der Jahre ein Anstieg des Hungers nachgewiesen werden, ein anderes Mal zeigten die Zahlen einen Rückgang. Zudem hatten die Forscher die Möglichkeit, die hungernden Menschen in ihrer absoluten Anzahl anzugeben oder als Prozentsatz der Weltbevölkerung. Die Angabe der absoluten Zahl erscheint dann logisch, wenn der Hunger jedes einzelnen Menschen zählt. Zum Prozentsatz aber sollte greifen, wer betonen will, dass der größte Teil der Bevölkerung ausreichend ernährt ist. Das aber sind moralische und keine statistischen Erwägungen.

Auch bei IQ-Tests beeinflussen Forschungsprämissen die Ergebnisse enorm. Der Psychologe James Flynn untersuchte 1984 Zahlen aus mehreren Generationen und kam zu einem überraschenden Ergebnis: Der IQ war im Lauf des letzten Jahrhunderts kontinuierlich gestiegen. Berechnet man die Ergebnisse unserer Vorfahren mithilfe der heutigen Testnormen, ergibt sich für diese ein Wert von 70, das heißt: knapp an der geistigen Behinderung vorbei. Legen wir die Maßstäbe unserer Vorfahren auf die heutige Generation an, ergibt sich für uns ein Durchschnitts-IQ-Wert von 130, das bedeutet: hochbegabt.[57]

Flynn entdeckte den Effekt 1984, das heißt, achtzig Jahre, nachdem Alfred Binet seinen ersten Test an französischen Schülern ausprobiert hatte. Warum dauerte es so lange, bis einem Wissenschaftler die markanten Unterschiede zwischen den Generationen auffielen?[58] Flynns Thesen wurden seither mehrfach wissenschaftlich bestätigt, obwohl der von ihm nachgewiesene Effekt nicht so leicht zu erkennen ist. Der Test zur Messung des IQs wird nämlich regelmäßig aktualisiert.

Der Wechsler-Test für Kinder beispielsweise wurde 1949 zum ersten Mal benutzt und danach in seiner englischsprachigen Version vier Mal den veränderten Gegebenheiten angepasst – 1974, 1991, 2003 und 2014. Bei so großen Zeiträumen müssen nicht nur die Fragen regelmäßig entstaubt werden, sondern auch die Resultate. Deshalb werden die Ergebnisse, nachdem der revidierte Test an einer Gruppe von Personen erprobt worden ist, so berechnet, dass der Durchschnitt der Testgruppe bei 100 liegt. Dennoch schnitten die Testgruppen – wie die Gesellschaft insgesamt – immer besser ab. James Flynn führte das darauf zurück, dass wir inzwischen darauf trainiert sind, in einer bestimmten abstrakten Weise zu denken. Diese Denkweise hat sich im Laufe des vergangenen Jahrhunderts auf Schulen und im Berufsleben durchgesetzt. Wer so intelligent ist wie sein Ururgroßvater, erzielt bei heutigen Tests einen niedrigeren Intelligenzquotienten.[59]

5. Man misst, was man messen will

Zurück zu Yerkes und seinem Rekrutentest im Ersten Weltkrieg. Yerkes Team kam nicht nur zum Schluss, dass Immigranten ihren Testergebnissen zufolge geistig unterbelichtet seien und schwarze Männer die niedrigsten IQs besäßen, sondern es entdeckte noch mehr.[60] Zum Beispiel, dass ein starker Zusammenhang zwischen dem ermittelten IQ und den Jahren des Schulbesuchs einer Person besteht.

Yerkes leitete daraus allerdings nicht ab, dass Schulbildung zu einer höheren Intelligenz führte. Er glaubte, es sei umgekehrt: »Die von uns gesammelten Daten bestätigen einmal mehr die Theorie, dass allgemeine Intelligenz ein bestimmender Faktor für einen längeren Schulbesuch ist.« Auch als er feststellte, dass schwarze Männer durchschnittlich kürzer zur Schule gegangen waren, sah er darin nicht einen Grund für die niedrigeren Ergebnisse beim IQ-Test. Yerkes hielt daran fest, dass ihre niedrigere angeborene Intelligenz zu einem verfrühten Abbruch der Schule geführt habe. Er blendete dabei völlig aus, dass die Männer in den Zeiten der Rassentrennung lebten.

Yerkes machte einen Denkfehler, dem wir uns im Kapitel 4 ausführlicher widmen wollen: Er ging von einem *ursächlichen* Zusammenhang aus, das heißt, er war davon überzeugt, dass es von der Hautfarbe abhing, ob man ein guter Denker war oder nicht. Dabei lieferten seine Daten für eine solche Annahme gar keine Beweise. Yerkes ließ nicht die Zahlen sprechen, sondern sein Bauchgefühl. Und dieses Bauchgefühl befand sich in Übereinstimmung mit dem damals herrschenden Zeitgeist.

Das lässt sich dem Vorwort entnehmen, das Yerkes dem Buch *A Study of American Intelligence* vorausschickte. Dieses von Carl Brigham verfasste Machwerk beruft sich bei seinen rassistischen Aussagen auf die Daten aus Yerkes Rekrutentest und wurde von Rassentheoretikern während der politischen Debatte über die Beschränkung der Einwanderung in die Vereinigten

Staaten zur Argumentation herangezogen. »[…] keiner von uns«, schrieb Yerkes, »kann sich als Bürger leisten, die Gefahr der Rassenentartung oder die offenkundige Beziehung zwischen Einwanderung und nationalem Wohl und Fortschritt zu ignorieren.«[61]

Immer wieder zeigt sich, und ich kann es nicht oft genug betonen: Zahlen werden in einer Weise interpretiert, dass sie zu den Überzeugungen oder zu den Bedürfnissen desjenigen passen, der sie benutzt.

Der Erfinder des Intelligenztests, Alfred Binet, hatte bereits davor gewarnt, Intelligenz für etwas Unveränderliches zu halten.[62] Trotzdem legte Yerkes seine Zahlen so aus, dass sie angeblich angeborene geistige Fähigkeiten wiedergaben.

Auch der Wirtschaftswissenschaftler Kuznets, auf den das BIP zurückgeht, wollte den BIP-Wert nicht mit dem Wohlstand eines Landes gleichgesetzt sehen.[63] Trotzdem wird er im Laufe des zwanzigsten Jahrhunderts immer wieder genau dafür verwendet: als Maß des Wohlstands.

Solche Interpretationen sind gefährlich. Wer Zahlen respektiert, gesteht ihnen zu, nicht alles aussagen zu können. Das bedeutet zu akzeptieren, dass das BIP lediglich ein Maß für die »Produktion« eines Landes ist und der IQ nicht mehr als das Ergebnis eines Tests. Stattdessen wird den Zahlen – im Dienste von Überzeugungen und Vorurteilen – eine Bedeutung zugemessen, die sie nicht besitzen.

Was aber meinen wir heute, ein Jahrhundert später, zu Yerkes' Interpretation der Rekrutentestergebnisse? Gibt der IQ tatsächlich die angeborene Intelligenz wieder?

Nein. Wie Binet bereits vermutet hatte, zeigte sich im Lauf der Zeit, dass der IQ einer Person keine unveränderliche Größe ist. Der wichtigste Beweis dafür ist der Flynn-Effekt. Die Tatsache, dass der IQ seit mehreren Generationen kontinuierlich steigt, bedeutet nicht, dass unsere Vorfahren dämlich waren und wir brillant sind. Es bedeutet lediglich, dass wir unser abstraktes Denken verbessert haben, weil es überall von uns erwartet wird. Oder mit den Worten des Schriftstellers Malcom Gladwell:»Ein IQ […] misst nicht, wie klug jemand ist, sondern eher, wie *modern* er ist.«[64]

Psychologen sind sich einig, dass der IQ nicht nur durch Gene, sondern auch durch die Umwelt bestimmt wird. Die Lebensumstände eines Menschen haben große Auswirkungen auf seine Intelligenz. Indische Bauern, die vor der Ernte – also in einer Periode des Hungers und der Geldprobleme – einem Intelligenztest unterzogen wurden, schnitten 13 Punkte schlechter ab als bei Intelligenztests nach der Ernte.[65] Ihre Armut vor der Ernte beeinträchtigte ihre geistigen Fähigkeiten so sehr, dass sie nicht mehr klar denken konnten.

Tests in Kenia ergaben, dass der durchschnittliche IQ von Kindern zwischen 1984 und 1998 um mehr als 26 Punkte gestiegen war.[66] Was war der Grund? Forscher verwiesen auf die verbesserten Lebensbedingungen der Kinder: Die Eltern seien besser ausgebildet, die Ernährung habe sich gebessert und die Kinder seien gesünder.

Auch Afroamerikaner schnitten in Tests besser ab, nachdem sich ihre Lebensumstände verbessert hatten. Die Differenz der IQs von schwarzen und weißen Amerikanern verringerte sich innerhalb von dreißig Jahren um vier bis sieben Punkte.[67] Der Wirtschaftswissenschaftler William Dickens und der Psychologe James Flynn (ja, der vom Flynn-Effekt) verwiesen 2006 die Behauptung, der IQ von schwarzen und weißen Amerikanern unterscheide sich in einem festen Maße, endgültig ins Reich der Mythen.

Doch nochmals zu Yerkes und Konsorten: So falsch es war, den IQ als Synonym für Intelligenz zu verwenden, noch falscher ist es, den Intelligenzquotienten für *angeboren* zu halten. Solange sich die Lebensumstände der schwarzen Amerikaner von denen der weißen unterscheiden, so lange ist es sinnlos zu behaupten, die Differenz im IQ von schwarzen und weißen Amerikanern beruhe auf fundamentalen biologischen Unterschieden.

Obwohl bereits einige Verbesserungen zu verzeichnen sind, bleibt die Ungleichheit in der amerikanischen Bevölkerung bis heute enorm. 2016 umfasste das mediane Vermögen afroamerikanischer Familien in Amerika 17 600 Dollar – *ein Zehntel* des medianen Vermögens weißer Familien, das bei 171 000 Dollar lag.[68] Die Schulen in schwarzen, häufig ärmeren Stadtvierteln sind schlechter als die Schulen in weißen Vierteln.[69] Diskriminierung ist noch immer an der Tagesordnung. Aus Experimenten mit fingierten Lebensläufen ergab sich, dass Bewerber mit afroamerikanischen Namen öfter erfolglos blieben.[70] Wer sich angesichts solcher Tatsachen über die unterschiedlichen Ergebnisse bei Intelligenztest von weißen und schwarzen Amerikanern wundert, der ist in meinem Augen – ich habe kein anderes Wort dafür – ein Idiot.

»Mir wäre auch lieber, Schwarze wären superintelligent« (Teil 2)

Wie in diesem Kapitel zu sehen war, muss der Wissenschaftler, der ein abstraktes Konzept wie Intelligenz standardisieren möchte, zunächst einige willkürliche Entscheidungen treffen. Dem einen oder anderen mögen Zahlen dadurch wertlos erscheinen, aber sie sind es nicht. Mithilfe der Zahlen können Muster entdeckt werden, die sonst unbemerkt bleiben würden.

Allerdings ist es gefährlich, Zahlen zu überschätzen und sie an sich schon für objektiv zu halten. Zahlen dienen oft als Entschuldigung für das Nicht-nachdenken-Wollen. Wie bei Yernaz Ramautarsing, der sagte: »Mir wäre es auch lieber, wenn

Schwarze superintelligent wären […]. Aber sie sind es nicht.« Mit anderen Worten: Ich kann nichts daran ändern, die Zahlen sprechen für sich.

Doch das ist eine verkehrte Welt. Wenn wir uns auf die Zahlen ernsthaft einlassen wollen, müssen wir auch ihre Fehler erwähnen: Zahlen stützen sich auf Werturteile, sie können bei weitem nicht alles ausdrücken und lassen eine ganze Menge ungesagt. Außerdem gibt es unterschiedliche Methoden, um ein und dieselbe Sache zu messen. Und schließlich stellen Zahlen nicht die Wirklichkeit dar, sondern sind lediglich Hilfsmittel, um die Wirklichkeit besser zu verstehen.

Zahlen können auf etwas verweisen, was sonst unentdeckt bleiben würde. Im ersten Kapitel haben wir gesehen, wie Archie Cochrane mithilfe von Zahlen die Wirkung von Medikamenten testete. Und der IQ sollte ursprünglich dabei helfen, Psychologen Auskunft über den Entwicklungszustand eines Kindes zu geben. Auch die Ungleichheit zwischen schwarzen und weißen Amerikanern lässt sich mit Zahlen viel besser darstellen und begreifen.

Doch sollten wir unsere Gespräche nicht mit Zahlen beenden, sondern sie als Ausgangspunkt und zum Anlass nehmen, mehr Fragen zu stellen. Welche Entscheidungen wurden im Vorfeld der Untersuchung getroffen? Worauf sind die unterschiedlichen Ergebnisse zurückzuführen? Was bedeuten sie für unser Handeln? Und vor allem: Misst die Zahl auch tatsächlich das, was wirklich zählt?

3.

—

WAS UNS EINE SCHLÜPFRIGE SEXSTUDIE ÜBER STICHPROBEN VERRÄT

.

Auf einem Schwarz-Weiß-Foto aus dem Jahr 1948 hält ein Mann mittleren Alters mit beiden Händen eine Zeitung in die Höhe. Die Schlagzeile auf der Titelseite lautet: »DEWEY DEFEATS TRUMAN«. Der Mann auf dem Foto lacht so breit, dass man weit hinten im Mund eine Zahnlücke erkennen kann. Er ist gerade zum mächtigsten Mann der Welt gewählt worden.

Das Foto ist ikonisch, aber nicht, weil der in der Schlagzeile erwähnte Präsidentschaftskandidat Thomas E. Dewey die amerikanischen Wahlen gewonnen hätte, sondern weil er sie verloren hat. Der Mann auf dem Bild ist nämlich Harry S.Truman, Deweys Herausforderer.[1] Die Zeitung in seinen Händen zeigt eine Falschmeldung. Aufgrund der Umfragewerte war der Chefredakteur der *Chicago Daily Tribune* so überzeugt von Deweys Sieg gewesen, dass er das Endergebnis gar nicht erst abwartete und die Schlagzeile schon am Wahlabend drucken ließ.[2]

Es hätte auch ein Foto von Donald Trump im November 2016 sein können, in seinen Händen eine der vielen Zeitungen, die prognostiziert hatten, dass Hillary Clinton den Wahlsieg davontragen würde. Auf seinem Gesicht ein breites Grinsen, denn sie hatten sich getäuscht. »Wie konnte Trump einen so erstaunlichen Sieg erringen?«, fragte *The New York Times* am Tag nach Trumps Wahlerfolg. »Wieso hat das fast niemand – kein Experte, kein Meinungsforscher, nicht wir von den Medien – vorausgesehen?«[3]

Professor Sam Wang aus Princeton hatte aufgrund der Wahlprognosen errechnet, dass Clinton mit 99-prozentiger Wahrscheinlichkeit gewinnen würde. Und er versprach, ein Insekt zu essen, falls Trump tatsächlich Präsident werden sollte.[4] Es schmecke »nussig«, sagte er vier Tage später bei CNN, als er vor laufender Kamera eine Heuschrecke verspeiste.[5]

Knapp siebzig Jahre nach Trumans unerwartetem Wahlsieg wurde wieder einmal die Frage relevant: Wie zuverlässig sind Prognosen? Prognosen sind keine unschuldigen Messungen. Sie beeinflussen, wie die Medien über Politiker schreiben und wer zu den Fernsehdebatten eingeladen wird. Überdies nutzen Wähler Prognosen, um ihre Stimme strategisch abzugeben oder zu entscheiden, ob sie überhaupt zur Wahlurne gehen. So üben Prognosen direkt und indirekt Einfluss auf den Wahlausgang aus. Und damit auf unsere Demokratie.

Die Frage, ob Prognosen zuverlässig sind, betrifft aber noch viel mehr als nur den Ausgang von Wahlen. Denn viele Zahlen basieren auf einer bestimmten Messmethode: der Stichprobe. Stichproben werden etwa dazu genutzt, Armut zu messen, die Häufigkeit sexueller Belästigungen statistisch zu erheben oder Medikamente zu testen. Bei Studien dieser Art ist es unmöglich, die gesamte betroffene Gruppe einzubeziehen – alle Amerikaner, alle Frauen, alle Krebspatienten. Der Arzt Archie Cochrane (Kapitel 1) berücksichtigte im Gefangenenlager nicht alle Patienten mit Ödemen, sondern nur zwanzig. Der Psychologe Robert Yerkes (Kapitel 2) testete nicht die Intelligenz aller amerikanischen Männer, sondern nur die der Rekruten. So wurde die Stichprobe zu einer Linse, durch die wir die Welt betrachten.

Die Stichprobe, schreibt Professor Jelke Bethlehem von der Universität Leiden, ist vermutlich so alt wie die Menschheit.[6] Jeder nutzt diese Methode bewusst oder unbewusst. Zum Beispiel beim Kochen: Man kostet einen Löffel Suppe und beurteilt aufgrund dieser einzigen Kostprobe das ganze Gericht. Der Begriff »Stichprobe« fällt nicht umsonst seit Jahrhunderten auf dem niederländischen Käsemarkt, wo der Warenprüfer mit einem Käsebohrer ein Stückchen Käse »sticht«, um es zu beurteilen.

Im Jahr 1824, in dem Jahrhundert, als der Mensch wie besessen anfing, Daten zusammenzutragen, gab es jemanden, der zum ersten Mal eine Stichprobe verwendete, um Meinungen zu ermitteln.[7] Die amerikanischen Präsidentschaftswahlen waren die spannendsten seit der Unabhängigkeit 1776, nicht nur, weil gleich vier Kandidaten um das Amt stritten, sondern auch, weil viele Amerikaner erstmals wählen durften.[8]

Die Wähler lechzten nach Informationen, und so begann man, dem Zeitgeist folgend, zu zählen. Wie oft wurde auf einen der Kandidaten ein Toast ausgebracht? Wurde auf ihn gewettet? Neugierige Bürger führten bald Strichlisten über die politischen Äußerungen von anderen Bürgern bei Militärparaden, Feierlichkeiten zum Unabhängigkeitstag oder bei Kneipenbesuchen. Zeitungen veröffentlichten diese Zahlen, besonders dann, wenn die Ergebnisse für ihren favorisierten Kandidaten günstig waren.

Zurück ins Jahr 1948, zurück zum lachenden Wahlsieger Truman. Datenerhebungen waren mittlerweile weit vorangeschritten. Sie wurden auf nationaler Ebene von professionellen

Meinungsforschungsinstituten durchgeführt, und Gegenstand der Umfragen waren längst nicht mehr nur die Wahlen an sich. Von berufstätigen Frauen bis zum Krieg, von den Vereinten Nationen bis zu Grippewellen – die Amerikaner durften ihre Meinung über alles und jeden äußern.[9]

Doch durch den Wahlausgang von 1948 bekam das Image der Stichprobenstudien erste Kratzer.[10] Wenn Meinungsforschungsinstitute bei der Wahl zwischen Dewey und Truman so falsch liegen konnten, wie belastbar waren denn dann andere Stichproben? Was stimmt überhaupt an einem Weltbild, das von Zahlen skizziert wird?

Diese Skepsis wurde genährt von einer berüchtigten Studie, die Anfang 1948 veröffentlicht worden war. Das 804 Seiten starke Werk behandelte ein Thema, bei dem manche rote Ohren bekamen: Sex. Geschrieben hatte es der Biologe Alfred Kinsey, der gemeinsam mit seinen Kollegen Wardell Pomeroy und Clyde Martin 5300 amerikanische Männer über deren Sexleben interviewt hatte[11]. *Das sexuelle Verhalten des Mannes (Sexual Behavior in the Human Male)* wurde ein Riesenerfolg: Über 250 000 Exemplare wurden verkauft, der Bericht stand monatelang auf den nationalen Bestsellerlisten. Es gab kaum ein Radioprogramm, das sich nicht darüber ausließ, und keinen Karikaturisten, der sich nicht darüber hermachte.[12]

Die Statistiken waren in aller Munde. Die in den Vereinigten Staaten herrschende Sexualmoral mochte als bieder gelten, die Wirklichkeit war der Studie zufolge eine völlig andere. 90 Prozent der Männer hatten schon vor der Ehe Sex, 50 Prozent waren fremdgegangen und 37 Prozent bestätigten homosexuelle Erfahrungen. Einer von zwölf Männern gab zu, Sex mit einem Tier gehabt zu haben (einer von sechs war auf einem Bauernhof aufgewachsen).[13] Eine andere Auffälligkeit: Die Zahlen machen noch heute die Runde. Schon mal gehört, dass ein Zehntel aller Männer homosexuell sein soll? Diese Zahl stammt aus dem Kinsey-Report.[14]

Doch stimmen diese Zahlen überhaupt? Das Fiasko der Wahlen von 1948 warne davor, solche Datenerhebungen allzu ernst zu nehmen, schrieb die Zeitschrift *Life Today*: »Wie ernst müssen wir eine Erhebung nehmen, die sechzig Millionen weiße Männer beurteilt und verurteilt, und das aufgrund von nur 5300 Interviews?«[15]

Als die Kritik immer lauter wurde, wurde die Rockefeller Foundation, die Kinseys Studie zum größten Teil finanziert hatte, unruhig. Im Herbst 1950 wurden deswegen drei seriöse Statistiker losgeschickt, um dem Autor des Sexreports auf den Zahn zu fühlen.[16]

Kommen drei Statistiker zum Sexprofessor

Die drei angesehenen Statistiker saßen im Kellergeschoss mit Wandregalen voller Bücher über Sex und warteten auf Kinsey. Eigentlich hatten sie gar keine Zeit für diesen Auftrag. Fred Mosteller hatte schon genug mit seiner Arbeit an der Harvard University zu tun, William Cochran war der Leiter des Fachbereichs Biostatistik an der Johns Hopkins University, und John Tukey erwarb neben seiner Tätigkeit in Princeton zahlreiche Patente für die Bell Telephone Laboratories. Die drei Männer waren aus Pflichtgefühl zum Institute for Sex Research nach Indiana gereist. Sie sollten im Auftrag der Rockefeller Foundation die Qualität der aufsehenerregenden Sexstudie überprüfen.

Plötzlich flog die Tür auf. Da stand er, eine Armee aus Sekretärinnen und anderen Angestellten im Schlepptau. Der Mann, der das Institut für Sexualforschung leitete, der Mann, dessen Reputation von ihrem Urteil abhing: Alfred C. Kinsey.

Professor Kinsey – »Prok«, wie Freunde ihn nannten – war ein großer Mann, der immer eine Fliege trug. Früher hatte er sich der Erforschung von Gallwespen gewidmet und war durch 36 amerikanische Staaten und Mexiko gereist, um so viele Exemplare wie möglich zu sammeln. Jede Wespe hatte er präpariert, präzise ausgemessen und registriert.

Doch 1938 wurde ihm von der Universität die Leitung einer Vorlesung angetragen, das sein Interesse auf ein völlig anderes Fachgebiet lenken sollte. Er wurde gebeten, an der Universität von Indiana einen Eheberatungskurs anzubieten, der die Studenten auf die Ehe vorbereiten sollte, oder anders gesagt, auf ihr Sexualleben.

Als Sohn strenggläubiger Eltern hatte Kinsey, als er in jungen Jahren einfach nicht mit dem Masturbieren aufhören konnte, gedacht, dass irgendetwas mit ihm nicht stimme. Sex war bei ihm zuhause ein Tabuthema, nirgends konnte er Informationen darüber finden. Es blieb ihm nichts anderes übrig, als Gott zu bitten, sein sündiges Verhalten zu beenden.

Als er damit begann, den Eheberatungskurs zu halten, war er über vierzig und hatte seine Erfahrungen gemacht. Doch welches sexuelle Verhalten normal war, wusste niemand. Es gab mehr Informationen über die Gallwespe als über die menschliche Sexualität. Und so fing Kinsey an, seinen Studenten Fragen zu stellen. Ob sie je einen Orgasmus gehabt hätten? Ob sie masturbierten? Ob sie schon einmal mit einer Prostituierten im Bett gewesen waren? Kinsey wollte mehr und mehr Fakten sammeln. So kam er auf die Idee, für seine Datenerhebung 100 000 Menschen im ganzen Land zu befragen.[17]

Es gelang ihm, die angesehene Rockefeller Foundation davon zu überzeugen, seine Studie zu finanzieren. Der Stiftung war natürlich bewusst, dass Sex ein heikles Thema war, doch wer konnte so etwas besser angehen als ein glücklich verheirateter, intelligenter, wenn auch etwas unbeholfener Professor?

Kinsey würde Menschen studieren, als wären sie Wespen, distanziert und neutral. »Wir registrieren und erfassen die Fakten«, sagte er. »Wir beurteilen nicht das Verhalten, das wir beschreiben.«

Also: Nur Fakten, keine Meinungen.

Zurück zum Keller voller Sexbücher. Zwei Jahre nach der Veröffentlichung des Kinsey-Reports sollten die drei renommierten Statistiker prüfen, ob Kinseys Arbeit wissenschaftlichen Anforderungen genügte. Sie entdeckten sechs entscheidende Fehler, die man bei einer Stichprobenstudie machen kann.

1. Die Bedingungen oder die Fragen der Studie sind unzulänglich

»Wie kamen Sie früher an Informationen über Sex?«

»Träumen Sie davon, Schmerz zu erleiden, oder gezwungen zu werden, etwas zu tun, oder selbst jemanden zu etwas zu zwingen?«

»Wie alt waren Sie, als Sie eine Frau zum ersten Mal für den Geschlechtsverkehr oder andere sexuelle Handlungen bezahlten?«

Jeder der drei Statistiker ließ sich von Kinsey und seinen Kollegen befragen. So konnten sie aus erster Hand erfahren, wie die Interviews abliefen.

Kinseys Sitzungen dauerten etwa zwei Stunden – je nach der sexuellen Erfahrung der Testperson – und bestanden aus 350 bis 521 Fragen. Die Interviewer kannten alle Fragen auswendig. Jemand, der vom Papier ablas, hätte die Teilnehmer nur nervös gemacht. Um Vertraulichkeit zu garantieren, wurden die Antworten in einer komplizierten Geheimschrift notiert. (Ein »P« stand etwa für Pubertät, Peers (Männer), Petting oder Protestantisch.[18])

Kinsey und zwei Mit-Interviewer versuchten auch, die Fragen so zu stellen, dass die Interviewten ihre geheimen Vergehen leichter zugeben konnten. Sie fragten nicht: »Sind Sie schon einmal fremdgegangen?«, sondern: »Während Ihrer Ehe, wie alt waren Sie, als Sie *das erste Mal* mit einer anderen Frau als Ihrer Gattin Geschlechtsverkehr hatten?«[19] John Tukey aus Princeton wird bei dieser Frage wohl Augen gemacht haben. Er hatte seine Frau beim Volkstanz kennengelernt und erst vor kurzem geheiratet.[20]

Bei einem Interview sind die Umstände entscheidend, in dem es stattfindet, besonders wenn es um ein so heikles Thema wie Sex geht. So zeigt sich in fast allen Studien, dass die Anzahl der Sexualpartner bei Männern höher liegt als bei Frauen. In einer britischen Studie behaupteten Frauen, sie hätten mit durchschnittlich sieben Männern Sex gehabt, während es bei Männern durchschnittlich doppelt so viele Frauen waren.[21] Das konnte unmöglich stimmen, wo sollten denn all diese Frauen herkommen? War die Studie etwa nicht repräsentativ? Hatten die Männer die Dienste von Prostituierten, die nicht befragt worden waren, in Anspruch genommen?

Noch eine Erklärung ist möglich: Die Frauen sagten nicht die Wahrheit. 2003 wurden zweihundert Studenten gebeten, einen Fragebogen über ihr Sexualleben auszufüllen. Ein Teil der Gruppe wurde an einen Lügendetektor angeschlossen. Der war reiner Schwindel, aber das wussten die Teilnehmer nicht. Das Resultat: Bei den Frauen stieg die Anzahl ihrer Sexualpartner um 70 Prozent – von 2,6 auf 4,4.[22] Diese Studie war nur eine von vielen, die Fehlerquellen und falschen Aussagen bei Umfragen finden sollte. Es zeigt sich: Die Bedingungen einer Studie beeinflussen stets die Zahlen.

Und wie waren die Bedingungen bei Kinseys Sexreport? Waren sie optimal? Schwer zu sagen. Vergleichbare Studien ergeben, dass es nicht nur eine einzige Methode gibt, die bei Befragungen über Sex die verlässlichsten Ergebnisse erzeugt. Manchmal scheinen die Befragten ehrlicher zu sein, wenn sie selbst den Fragebogen ausfüllen, ein anderes Mal hilft gerade die Interaktion mit einem Interviewer – wie bei Kinsey –, um delikate Informationen preiszugeben.[23] Neben den äußeren Bedingungen ist bei einer Stichprobenstudie aber auch die Fragestellung ausschlaggebend. Manche Fragen drängen den Befragten in eine bestimmte Richtung, wenn auch nicht unbedingt vorsätzlich. Ein Beispiel hierfür ist die Meinungsumfrage, die der indische Premierminister Narendra Modi wegen einer umstrittenen Regierungsmaßnahme durchführen ließ. Im November 2016 hatte seine Regierung den kontroversen Beschluss gefasst, die Fünfhundert- und die Tausend-Rupien-Scheine abzuschaffen. Die Bevölkerung hatte bis zum Jahresende Zeit, die Scheine einzutauschen.

Diese Maßnahme sollte Korruption und Steuerhinterziehung bekämpfen und die Inder dazu ermutigen, auf elektronisches Geld umzusteigen, ein Steckenpferd Modis. Doch der Beschluss stieß bei der Bevölkerung auf großen Protest. Die Gegner fanden die Maßnahme zu einschneidend, denn sie betraf 86 Prozent des gesamten Bargelds in Indien. Eine so große Menge Geld innerhalb von zwei Monaten umzutauschen, hielt man für unmöglich.

Um den Protesten die Stirn zu bieten, entschied sich Modi, eine Meinungsumfrage durchzuführen. Innerhalb von dreißig Stunden hatten eine halbe Millionen Menschen daran teilgenommen. Der Premierminister konnte zufrieden sein: über 90 Prozent fanden die Maßnahme gut oder sogar »brillant«.

Doch die Fragestellung verdient eine genauere Betrachtung:

- »Glauben Sie, dass es in Indien Schwarzgeld gibt?«
- »Meinen Sie, das Übel der Korruption und des Schwarzgelds sollten bekämpft und beseitigt werden?«
- »Was halten Sie von Modis Regierungsbeschluss, gegen Schwarzgeld vorzugehen?«

- »Was halten Sie von Modis Regierungsbeschluss, gegen Korruption vorzugehen?«
- »Wie beurteilen Sie Modis Maßnahme, die alten Fünfhundert- und Tausend-Rupien-Scheine abzuschaffen?«

Jede Frage suggerierte dem Teilnehmer, dass die Abschaffung der Geldscheine notwendig sei, um gegen die Korruption vorzugehen. Werden Fragen gestellt, die eigentlich nur mit einem Ja beantwortet werden können – jeder ist dafür, ein »Übel« zu beseitigen! –, kann am Ende kaum noch jemand *gegen* eine Maßnahme sein.

Absurd wurde es, als die Befragten ihre Meinung über folgende Aussage abgeben sollten: »Demonetisierung [Aufhebung der Gültigkeit der Währung, SB] ermöglicht Immobilienkauf, Hochschulstudium und Gesundheitsversorgung für alle.« Drei Antworten standen zur Verfügung: völlig einverstanden, teilweise einverstanden, weiß nicht. Nicht einverstanden zu sein, war unmöglich. »Wenn jemand in meinem Seminar säße, der mir so einen Fragebogen vorlegt, würde ich ihn durchfallen lassen«, schrieb Prithwiraj Mukherjee vom Indian Institute of Management in Bangalore.[24]

Eine gute Meinungsumfrage stellt neutrale Fragen. Doch das ist leider leichter gesagt als getan: Selbst ein subtiler Unterschied in der Fragestellung kann entscheidend sein. 2014 führten etwa der Medienkonzern CNN und das Forschungsinstitut Gallup zeitgleich zwei Telefonumfragen zum Thema Terrorismus durch.[25] Die Teilnehmerzahl war bei beiden Umfragen ungefähr gleich, und sie waren repräsentativ (später mehr über Repräsentativität). Dennoch: Bei CNN hielten 14 Prozent der Befragten Terrorismus für ein großes Problem, bei Gallup waren es nur 4 Prozent. Die Abweichung lässt sich wahrscheinlich auf die Art der Fragestellung zurückführen. Bei CNN lautete die Frage:»Welches der folgenden Probleme ist das größte, mit dem unser Land derzeit zu kämpfen hat?«Worauf drei mögliche Antworten vorgegeben waren:Wirtschaft, Klima und Terrorismus. Bei Gallup hingegen blieb die Frage offen:»Was ist das größte Problem, mit dem unser Land heute zu kämpfen hat?« Ohne Antwortvorschläge dachten die Befragten offenbar nicht so schnell an Terrorismus.

Auch in Kinseys Sexstudie lauerte die Gefahr, dass die Fragestellungen die Antworten beeinflussten. Er wollte die Teilnehmer eigentlich dazu ermutigen, die Wahrheit zu sagen, doch hatten seine Fragen vermutlich ab und zu den gegenteiligen Effekt. Bei einer Frage wie»Wann haben Sie zum ersten Mal masturbiert?« könnte jemanden, der sich noch nie selbst befriedigt hat, glauben, er sei nicht normal und es sei besser zu lügen.

Kinseys drei Inquisitoren waren beeindruckt von den Interviews und waren überzeugt davon, dass es keine bessere Methode gab, derart heikle Informationen zusammenzutragen. Dennoch konnten die Gespräche ihre Skepsis nicht ausräumen. Denn nicht die Fragen oder die Umstände beunruhigten sie, sondern etwas anderes: die Auswahl der Probanden.

2. Die Studie schließt bestimmte Personengruppen aus
Die größten Bedenken der Statistiker gegenüber Kinseys Studie lagen darin, dass sie sich auf eine bestimmte Personengruppe beschränkte. Kinsey hatte seine Informationen in Schwulenkneipen, Gefängnissen und Universitäten gesammelt. Seine Methoden waren, gelinde gesagt, unkonventionell.

Kinsey und seine beiden Kollegen gingen mit den Testpersonen ins Restaurant, ins Konzert, ins Theater, zum Billardspielen, in Bars und Nachtklubs und baten darum, den Freunden vorgestellt zu werden.[26] Kinsey hatte sogar seine eigenen Kinder interviewt. In neun Jahren hatten über 11 000 Menschen Auskunft über ihr Sexualleben gegeben, etwa 5300 Männer und knapp 6000 Frauen. Und das bei nur drei Interviewern, denn Kinsey traute nur sich selbst und seinen beiden Kollegen zu, die Probanden zu befragen. Die drei Männer waren ständig auf Reisen und arbeiteten bis tief in die Nacht. Ein paar Jahre später wurde der Kinsey-Report veröffentlicht.

Wie beeindruckend das ganze Unterfangen auch war, bei Stichprobenstudien geht es nicht um die Anzahl der Teilnehmer. Es geht vielmehr um die Repräsentativität. Und genau da lag das Problem der Kinsey-Methode. Es gab viele Bevölkerungsgruppen und Gegenden, die er nicht oder kaum berücksichtigt hatte: ländliche Gemeinden, Fabrikarbeiter, konservative Religionsgemeinschaften. Schwarze Männer kamen in der Studie überhaupt nicht vor.[27] Von anderen Gruppen – Homosexuelle, Studenten, Bewohner des Mittleren Westens – hingegen überproportional viele.

Der Report hätte besser *Das sexuelle Verhalten von weißen Männern, die hauptsächlich aus dem Mittleren Westen stammen* heißen sollen.

Bis zum heutigen Tag kommt es vor, dass bei Meinungsumfragen nur bestimmte Personengruppen ausgewählt werden. Wie zum Beispiel bei der eben erwähnten Umfrage des indischen Premierministers Modi. Er verbreitete die Fragenliste über seine eigene App, aber 2016 hatten in Indien nur 30 Prozent der Bevölkerung Zugang zum Internet.[28] Diejenigen, die Internet hatten, gehörten den besser gestellten sozialen Klassen an, bezahlten oft schon bargeldlos und hatten vermutlich meist eine andere politische Meinung als jene ohne Modi-App. Denn: Wenn man kein Modi-Anhänger war, weshalb sollte man sich dann seine App runterladen? Außerdem waren die Fragen nur in Hindi und Englisch gestellt worden, wodurch Millionen Inder, die dieser beiden Sprachen nicht mächtig waren, von vornherein von der Umfrage ausgeschlossen waren.

Auch wissenschaftliche Untersuchungen wollen mitunter allgemeingültige Aussagen treffen, obwohl sie bei ihren Forschungen bestimmte Personengruppen nicht berücksichtigt haben. In der Psychologie beispielsweise wird die Forschung von den westlichen Ländern dominiert. Aus einem Übersichtsartikel aus dem Jahre 2008 geht hervor, dass sage und schreibe 95 Prozent der Untersuchungen aus den fünf vorangegangenen Jahren mit Testpersonen aus einem westlichen Land durchgeführt worden waren, die Mehrheit, 68 Prozent, stammte aus Amerika.[29] Die Teilnehmer gehörten zudem noch einer ganz speziellen Gruppe an: Psychologiestudenten. Sie waren ohnehin vor Ort und bereit, lediglich für einen Apfel und ein Ei an einer Studie teilzunehmen.

Die Stichproben in der psychologischen Forschung seien »WEIRD«, behauptete der Psychologe Joseph Henrich – nicht nur das englische Wort für »seltsam«, sondern auch ein Akronym für *Western, Educated, Industrialized, Rich and Democratic*, also westlich, gebildet, industrialisiert, reich und demokratisch.[30] Dennoch wurden die Forschungsergebnisse oft verallgemeinert und auf den »Menschen an sich« angewandt, obwohl WEIRD-Menschen sicherlich stark von anderen Gruppen abweichen.

So etwas bemerkt man bereits bei äußerst fundamentalen psychologischen Prozessen. Zum Beispiel bei der Müller-Lyer-Illusion, bei der man raten soll, welche Linie länger ist: A oder B (siehe Abbildung S. 86). Für die meisten erscheint Linie A länger. In Wirklichkeit sind beide Linien gleich lang, wie die rechte Abbildung zeigt. Ein Musterbeispiel aus den Lehrbüchern, doch Studien unter Nicht-WEIRD-Gemeinschaften zeigen: Nicht jeder ist gleich empfänglich für diese Illusion. So erkannte ein Volk aus der Kalahari-Wüste keinerlei Unterschied zwischen den beiden Linien.[31]

Die Müller-Lyer-Illusion

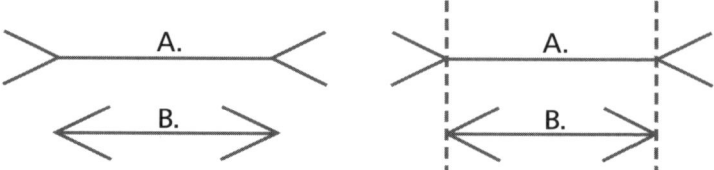

Das Ausschließen bestimmter Gruppen bei Stichproben kann weitreichende Folgen haben. Bis 1990 wurden Arzneimittel vornehmlich an Männern getestet.[32] Die Wissenschaftler wollten nicht Gefahr laufen, dass Frauen während der Studie schwanger sein könnten. Der Contergan-Skandal in den 1950er und 1960er Jahren – bei dem Tausende Kinder schwerbehindert zur Welt kamen, weil ihre Mütter während der Schwangerschaft Thalidomid gegen die morgendliche Übelkeit eingenommen hatten – hatte gezeigt, wie ernst die Folgen sein konnten. Ohnehin ist es mühsam, Frauen als Probandinnen einzusetzen, weil ihr Hormonhaushalt jeden Monat tüchtig schwankt.

Frauen reagieren aber häufig völlig anders auf ein Medikament als Männer. Als der amerikanische Rechnungshof 2001 Medikamente untersuchte, die wegen starker Nebenwirkungen vom Markt genommen worden waren, entdeckten die Wissenschaftler, dass bei acht von den zehn Medikamenten mehr Frauen als Männer Schäden durch die Einnahme davongetragen hatten. Vier dieser Medikamente wurden allerdings sowieso häufiger Frauen verschrieben, doch die anderen vier nahmen beide Geschlechter etwa gleich häufig ein. Trotzdem waren von den Nebenwirkungen mehr Frauen betroffen. Eine Nebenwirkung des Mittels Posicor zum Beispiel verlangsamt oder stoppt die Herztätigkeit älterer Frauen, aber nicht die älterer Männer.[33]

Bestimmte Gruppen aus einer Stichprobe auszuschließen kann lebensgefährlich sein. Doch in den vergangenen Jahren wurde zum Glück etwas gegen diese Fehlerquelle von Studien unternommen: Sowohl die Vereinigten Staaten als auch die Europäische Union haben Gesetze erlassen, damit mehr Frauen als Probandinnen bei medizinischen Studien berücksichtigt werden.

3. Die befragte Personengruppe ist zu klein

Die Größe einer Stichprobe garantiert nicht, dass eine Studie repräsentativ ist. Aber die Größe der Personengruppe tut das wohl. Ich möchte hier an Archie Cochrane erinnern, der eine Studie in einem Gefangenenlager durchgeführt hatte (Kapitel 1). Später sollte er sie als sein erfolgreichstes Experiment beschreiben: Mithilfe der Deutschen hatte er Ödeme behandeln können. Gleichzeitig aber hielt er es auch für sein schlechtestes Experiment: Nur zwanzig Männer hatten ihm als Probanden gedient – zehn in der einen und zehn in der anderen Gruppe.[34]

Das Problem mit kleineren stichprobenartigen Untersuchungen ist, dass es dabei eher zu extremen Ergebnissen kommen kann. Mal angenommen, Sie gehen jetzt nach draußen und sprechen die erstbeste Person an. Eine Frau. Danach beginnen Sie noch ein Gespräch mit einer Person, und wieder ist es eine Frau. Es wäre höchst eigenartig, dass Sie aus dieser Stichprobe den Schluss ziehen, dass 100 Prozent der Menschen Frauen sind. Je länger Sie dieses Experiment durchführen, desto kleiner ist die Wahrscheinlichkeit, dass die gesamte Stichprobe aus Frauen besteht. Stattdessen wird sie sich der realen Bevölkerungsverteilung annähern. Darum ist eine Umfrage mit einer kleinen Stichprobe nie eine gute Idee: Die Resultate können stark von der Gruppe abweichen, die von Interesse ist.

Dasselbe Übel steckt in Experimenten mit zu kleinen Stichproben. Vergleicht man zwei kleine Personengruppen miteinander, ist es gut möglich, dass sich die eine Gruppe sehr stark von der anderen unterscheidet, denn ein einziger Ausreißer kann das Bild der kleinen Gruppe verzerren. Ein Beispiel: Die

87

amerikanische Psychologin Amy Cuddy untersuchte für eine Studie, welche Auswirkungen die Körperhaltung auf die Psyche und Physis eines Menschen hat.[35] Eine markige Pose – die Füße auf dem Tisch oder die Arme geöffnet – hatte bemerkenswerte Auswirkungen. Die Probanden berichteten, sie fühlten sich in solch einer Haltung stärker, zugleich hatte die Körperhaltung auch körperliche Folgen: Der Wert des Sexualhormons Testosteron im Blut stieg, der des Stresshormons Cortisol sank. Cuddys TED-Talk zum Thema Körpersprache wurde einer der populärsten aller Zeiten und ihr Buch ein Bestseller.

Doch sieht man sich ihre Studie genauer an, erkennt man, dass sie ihre Schlussfolgerung lediglich auf der Basis einer kleinen Gruppe zog. Gerade einmal 42 Probanden hatten an der Studie teilgenommen. Wissenschaftler wiederholten Cuddys Experiment mit zweihundert Testpersonen und kamen zu weniger spektakulären Ergebnissen. Die Menschen fühlten sich zwar immer noch stärker, wenn sie eine kraftvolle Pose einnahmen, doch Hormonschwankungen konnten nicht festgestellt werden.[36]

Auch in anderen Wissenschaften, der Neurowissenschaft zum Beispiel, ist so manche Studie zu klein angelegt. Das ist verständlich, denn solche Studien sind oft teuer.[37] Doch wenn wir mit solchen Studien die Psyche, Gesundheit oder Entwicklung des Menschen verstehen wollen, geraten wir ganz schnell auf den Holzweg.

Die Zufallsstichprobe: die Lösung aller Probleme?

Nach ihrem fünftägigen Aufenthalt am Institute for Sex Research zogen sich die drei Statistiker zurück, um ihre Erkenntnisse aufzuschreiben. Während ihrer Gespräche mit Kinsey hatten sie endlos Formeln und Zahlen auf eine Schultafel geschrieben, um ihm zu beweisen, dass seine Studie nicht repräsentativ sei. Der Professor wehrte sich lauthals gegen diesen Schluss, doch fehlte es ihm – dem ungelernten Statistiker – an schlagenden Gegenargumenten.

Kinsey war sehr beunruhigt, weshalb er beschloss, nach New York zu reisen, um George Gallup um Rat zu bitten. Gallup war damals der führende Experte auf dem Gebiet der Meinungsforschung. 1936, 1940 und 1944 hatte er den Sieger der amerikanischen Präsidentschaftswahlen vorhergesagt. Nur 1948 hatte er auf den falschen Mann gesetzt. Aufgrund seiner Umfrageergebnisse war sich die *Chicago Daily Tribune* so sicher gewesen, dass sie die fette Schlagzeile vorabdruckte, die Deweys Sieg bekanntgab.

Inzwischen hatte Gallup herausgefunden, was der Grund für seine Blamage gewesen sein könnte: Quotenstichproben. Er hatte seinen Interviewern auf ihrer Rundreise durch Amerika eine Liste mit »Menschentypen« mitgegeben. Einer dieser Typen waren zum Beispiel Frauen aus der Mittelschicht, die auf dem Land leben. Pro Menschentyp sollten die Mitarbeiter eine vorgeschriebene Mindestanzahl von ausgefüllten Fragebögen mitbringen.

Die Methode der Gallup-Umfrage schien eine logische Lösung der Probleme zu sein, die bereits angesprochen wurden: Keine Gruppen wurden ausgeschlossen, und durch die Quote wurden ausreichend Daten gesammelt. Diese Methode wird von Meinungsforschungsinstituten bis heute angewandt. Ob Wohnort, Geschlecht oder Alter der Befragten – man ist bestrebt, ein möglichst repräsentatives Bild der zu untersuchenden Gruppe zu bekommen. Sind bestimmte Gruppen über- oder unterrepräsentiert, werden die Zahlen korrigiert. Nehmen an einer Umfrage zum Beispiel zu wenige Frauen teil, wiegen ihre Antworten schwerer. Durch diese Korrektur werden die Daten repräsentativer.

Trotzdem gibt es bei Gallups Quotenmethode ein gewaltiges Problem. Das Praxisprotokoll einer seiner Mitarbeiter zeigt dies deutlich. 1937 musste er die Quote für die Gruppe schlecht ausgebildeter Männer erfüllen und begab sich zu diesem Zweck auf eine Baustelle. In der Mittagspause setzte er sich einfach zu den Bauarbeitern und fragte:»Stimmen Sie dem Vertrag mit Deutschland zu oder nicht?« Dann fragte er den nächsten: »Und Sie? Und Sie? Was ist mit Ihnen?«[38] Dieses Verfahren jedoch, so schrieb der Mitarbeiter in sein Protokoll, funktionierte nicht, wenn er reiche Menschen befragen sollte.»Ich musste erst einmal all meinen Mut zusammennehmen, um in die schicken Villenviertel zu gehen, und herausfinden, welches Haus am zugänglichsten aussah.«

Wie sah es aber bei Häusern aus, bei denen Wachhunde den Interviewer verjagten? Oder mit den schlecht ausgebildeten Männern, die ihre Mittagszeit nicht auf der Baustelle verbrachten? Vielleicht hatten diese eine andere Meinung als ihre gesprächsbereiten Kollegen, tauchten aber in der Datenerhebung des Interviewers nicht auf.

Der Denkfehler bei der Quotenmethode – und bei der heute vielfach angewandten Gewichtungsmethodik vieler Meinungsforschungsinstitute – ist, dass angenommen wird, Meinungen bildeten sich lediglich unter dem Einfluss einiger (leicht zu messender) Faktoren wie Einkommen, Geschlecht und Alter. Doch es ist anzunehmen, dass vielfältige Faktoren wie Persönlichkeit, Zukunftsträume, Jugenderinnerungen, sexuelle Vorlieben, der beste Freund und so weiter die Meinung ebenfalls stark bestimmen. Wo will man da eine Grenze ziehen?

Da nicht klar ist, welche Faktoren die Meinungsbildung eines Menschen genau beeinflussen, wissen die Meinungsforscher auch nicht – nun kommt's –, welche Faktoren sie korrigieren müssen.

Die Quotenstichprobe wäre also auch keine Alternative für

Kinsey gewesen. Aber welches Verfahren hätte er für seine Studie denn einsetzen sollen? Die drei Statistiker wussten es: die Zufallsstichprobe. Kinsey hätte besser eine Nadel ins Telefonbuch piksen sollen, meinte John Tukey, und dann alle Leute interviewt, deren Namen durchlöchert waren. Ihm wären 400 Probanden aus einer solchen Zufallsstichprobe lieber gewesen als die 18 000 Testpersonen, die Kinsey befragt hatte, sagte er.[39] Die Zufallsstichprobe ist noch immer die heilige Kuh der Datenerhebung. Wenn jede Person mit der gleichen Wahrscheinlichkeit für die Teilnahme an einer solchen Studie ausgewählt werden kann, dann erhält man den wahren Durchschnitt der Bevölkerung.[40] Eine Behörde wie das niederländische Centraal Bureau voor de Statistiek verfügt über die Daten aller Niederländer und kann damit willkürlich Gruppen zusammenstellen. Gallup und seine Meinungsforscherkollegen arbeiteten nach der Blamage 1948 mit der Zufallsstichprobe, worüber Kinsey, der unter Druck stand, unbedingt mehr erfahren wollte. Ist eine Zufallsstichprobe wirklich so viel besser?

Stundenlang erklärte Gallup Kinsey in New York diese Methode. Er versicherte ihm, dass die Kritik der Statistiker schnell abebben würde, denn auch die Zufallsstichprobe birgt einen großen Nachteil: Nicht jeder, der ausgewählt ist, nimmt an einer Umfrage tatsächlich teil.

4. Zu wenig willige Probanden

Als Gallup und seine Kollegen Zufallsstichproben durchführen wollten, stießen sie schnell auf Probleme: Die Leute waren nicht zuhause oder hatten schlicht keine Lust mitzumachen. So eine Zufallsstichprobe mochte zwar wissenschaftlich fundiert sein, doch die Geduld der Meinungsforscher war nicht unbegrenzt, und Zeit ist Geld. Was sprach also dagegen, Umfragen durchzuführen, die weniger repräsentativ waren?

Eine repräsentative Gruppe verliert durch »non-respons«, das heißt, durch Menschen, die an der Umfrage letztlich nicht teilnehmen, ihre Repräsentativität. Und bei Kinseys Forschungsthema Sex waren sehr viele Menschen nicht bereit mitzuwirken. An der Universität warteten zum Beispiel männliche Studenten vor Kinseys Büro, wenn er eine Studentin interviewte. Blieb sie länger als eine Stunde in dem Befragungszimmer, wussten sie – Bingo! – sie war keine Jungfrau mehr.[41] Denn nur wer Erfahrung mit Sex hatte, dem oder der wurden weitere Fragen gestellt. Kein Wunder also, dass Studentinnen es oftmals ablehnten, an Kinseys Studie teilzunehmen.

Weigern sich zu viele Menschen, sich befragen zu lassen, kann auch eine willkürliche Stichprobe sofort im Mülleimer landen. Wie zum Beispiel 2015 die »Zwarte Piet«-Umfrage des niederländischen Nachrichtensenders RTL Nieuws. 69,8 Prozent der Niederländer sprachen sich für die schwarz oder braun geschminkten Nikolaushelfer aus, in Worten der RTL-Nachrichten: »Der Zwarte Piet muss schwarz bleiben.« Die Umfrage goss Öl ins Feuer einer Rassismusdebatte, die die Niederlande jeden Herbst aufs Neue in Atem hält.

Welcher Umfragemethode RTL sich bedient hatte, war unklar (immer eine Alarmglocke bei Umfrageergebnissen). Als der Leidener Professor Jelke Bethlehem bei RTL nachfragte, erfuhr er, dass die Stichprobe nicht zufällig zustande gekommen war.[42] Doch selbst wenn dem so gewesen wäre, wäre der Umfrage nicht zu trauen, denn nur *ein Viertel* der Personen, die aufgefordert worden waren, an der Umfrage teilzunehmen, taten es auch.

Wenn die Verweigerer der RTL-Studie sich in nichts von den Teilnehmern unterschieden, ist das kein Beinbruch, doch es gibt Gründe anzunehmen, dass dem nicht so war: Möglicherweise hatten die Verweigerer keine ausgesprochene Meinung in dieser Frage, vielleicht hatten sie die ganze Diskussion satt oder hatten einfach keine Zeit. Was aber, wenn die sich verweigernden drei Viertel der Bevölkerung gegen die Beibehaltung des Zwarte Piet gewesen wären? Dann sänke der Anteil der Befürworter auf 17,5 Prozent. Und was, wenn die Verweigerer eigentlich durchweg für den Zwarte Piet votiert hätten? Dann läge der Zustimmungswert bei 92,5 Prozent.[43]

Dies war auch Kinseys Einwand gegen die drei Statistiker, die von ihm eine Zufallsstichprobe verlangten: Zu wenige Menschen würden sich zu seinem Thema befragen lassen. Dennoch ist es keine Lösung, an mögliche Verweigerer gar nicht erst heranzutreten. Schließlich will man wissen, wie die Verweigerer das Ergebnis einer Studie verändert hätten, hätten sie daran teilgenommen. Ohne diese Information ist eine Studie wie der Kinsey-Report nicht nur unzuverlässig, sondern es lässt sich nicht einmal bestimmen, *wie* unzuverlässig sie tatsächlich war.

5. Die Fehlerspanne wurde nicht beachtet

Schlechte Fragen, Ausschlussverfahren, zu kleine Gruppen, Aussageverweigerer – das sind vier Gründe, weshalb Umfragen die Wirklichkeit nicht so präzise wiedergeben können, wie sie es vorgeben. Doch auch wenn die Fragen neutraler sind als die Schweiz, die Stichprobe repräsentativ und die Gruppe der Befragten groß genug ist, gibt es noch ein Problem, das nie gelöst werden kann: Nicht jeder wird befragt. Immer wird nur ein Teil des großen Ganzen interviewt, das ist ja gerade das Prinzip einer Stichprobe. Und diese Gruppe wird selten *genau*so aussehen wie die Gesamtbevölkerung. Hätte Kinsey eine Zufallsstichprobe angewendet, hätte er einmal mehr Homosexuelle in seiner Stichprobe gehabt und einmal weniger. Oder einmal mehr Ehebrecher und einmal weniger. Einfach aus dem Grund, dass der Zufall die Zusammensetzung der Gruppe bestimmt.

Aus diesem Grund gibt es bei Umfragen immer eine Fehlerspanne, die verrät, wie stark die Wirklichkeit von den Umfragewerten abweichen kann.[44] Die Faustregel ist: je größer eine Stichprobe, desto kleiner die Fehlerspanne. Wie groß die Fehlerspanne bei einer Zufallsstichprobe genau ist, lässt sich mit einer Formel berechnen, aber leichter ist es, dies von einer Webseite wie aselector.nl machen zu lassen.

Einmal angenommen, Kinsey hätte seine Stichprobe doch zufällig ausgewählt: Wenn er festgestellt hätte, dass 50 Prozent seiner Interviewpartner fremdgegangen waren, wie groß wäre damals die Fehlerspanne gewesen? Hätte er nur hundert Männer gesprochen, wäre die Fehlerspanne um fast 10 Prozentpunkte höher oder niedriger ausgefallen (mehr über Prozentpunkte im folgenden Intermezzo).[45] Ein Spielraum also von 20 Prozentpunkten. Weil er aber 5300 Männer in seiner Stichprobe hatte, ergab die Fehlerspanne nur 1,3 Prozentpunkte.

Im März 2017, zwei Wochen vor der niederländischen Parlamentswahl, fand auf RTL eine Fernsehdiskussion statt, die sogenannte Carrédebatte. 1183 Zuschauer gaben nach dem Ende der Sendung ihre Meinung ab.[46] Das Ergebnis: Jesse Klaver, der junge Spitzenkandidat der Partei GroenLinks, hatte gewonnen.

Die Meinungsumfrage, durchgeführt von DVJ Insights, war, wie jene über den Zwarte Piet, alles andere als repräsentativ. Doch selbst wenn die befragten Personen willkürlich ausgesucht worden wären, hätte es keinen Sinn ergeben, Klaver zum Sieger zu küren. Er hatte 17,4 Prozent der Stimmen der Stichprobe bekommen. Freilich hatte er mehr Stimmen erhalten als die drei anderen Kandidaten – Alexander Pechtold, Mark Rutte und Henk Krol –, doch die Unterschiede waren minimal. Besser gesagt: Es gab gar keine. Der Abstand zu den Prozentsätzen der drei anderen Spitzenkandidaten lag innerhalb der Fehlerspanne von Klavers Wert (2,2 Prozentpunkte).[47]

Fehlerspannen in Stichprobenuntersuchungen werden von den Medien gerne übersehen, insbesondere im Zusammenhang mit Wahlen. Obwohl Prognosen zur Sitzverteilung in den Niederlanden durchaus bis zu drei Sitze danebenliegen können, wird die Umverteilung eines einzigen Sitzes in Zeitungskolumnen und Talkshows oft ausführlichst ausgedeutet.

2016 behaupteten viele Zeitungen, dass die Umfrageergebnisse bei den amerikanischen Wahlen grandios danebengelegen haben. Doch wenn man die Fehlerspanne betrachtet, ist das Unsinn. Zugegeben, in manchen Staaten hatten Meinungsforschungsinstitute offensichtlich Pfusch geliefert, denn im Staat Wisconsin schnitt Trump ganze 6 Prozentpunkte besser ab, als es die Umfragewerte der Marquette Law School vorausgesagt hatten, und in den Vorstädten von Milwaukee sogar 10 Prozentpunkte.[48]

Aber im Großen und Ganzen hatten die Prognosen richtiggelegen. Trump lag bei der *popular vote* – alle abgegebenen Stimmen des amerikanischen Volkes[49] – schließlich nur zwischen einem und zwei Prozentpunkten höher, als die Umfragen es vorhergesagt hatten, während renommierte Meinungsforscher wie die *Washington Post* und ABC News von einer Spanne von 4 Prozentpunkten berichteten.[50] Den Prognosen nach war es wenig überraschend, dass Trump zum Präsidenten gewählt wurde. Die Diskrepanz zwischen den Prognosen und dem Wahlergebnis war außerdem sogar geringer als 2012, als sich niemand über die Zahlen beklagt hatte.[51] Nicht die Meinungsforscher hatten 2016 die Zahlen falsch verstanden, sondern die Medien.

Was lernt man daraus? Bei Datenerhebungen gilt fast immer, dass die Ergebnisse nicht besonders präzise ausfallen. Man sollte sie nie als exakte Abbildung der Wirklichkeit betrachten, sondern so, als würde man auf sie durch eine Milchglasscheibe blicken: Es sind nur Konturen erkennbar, scharf wird das Bild aber nie.

Intermezzo: Wie das Fernsehen über Prozente spricht

Am 18. März 2015 sagte die niederländische Journalistin und Nachrichtensprecherin Dionne Stax im Fernsehsender NOS: »Eine kurze Anmerkung. Wenn ich korrekt sein wollte, sollte ich eigentlich von ›Prozentpunkten‹ sprechen, Aber das will ich heute Abend nicht sein. Ich spreche einfach von Prozenten. Nur, damit das klar ist.«[52]

Man kann darauf wetten: Bei jeder Wahl wird der falsche Gebrauch des Worts »Prozent« bemängelt. So auch bei den Parlamentswahlen der niederländischen Provinzen 2015. Stax besprach die Ergebnisse im Fernsehen und erntete viel Kritik auf Twitter. Weshalb? Sie brachte »Prozent« und »Prozentpunkte« durcheinander.

Aber was ist denn der Unterschied zwischen den beiden Begriffen? Angenommen, eine Partei hatte bei der letzten Wahl 5 Prozent erzielt und nun 10 Prozent. Ein Zuwachs von 5 Prozent, hätte Stax in diesem Falle gesagt. Doch das ist falsch: Der Anteil hat sich verdoppelt, also um *100 Prozent* zugenommen. Stax sollte also von einem Zuwachs von 5 Prozentpunkten sprechen.

6. Der Meinungsforscher hat ein Interesse an einem bestimmten Ergebnis

1954, vier Jahre nach ihrem Besuch an Kinseys Institut, publizierten Mosteller, Cochran und Tukey ihren 338-seitigen, kritischen Bericht über dessen Sexstudie. Er habe beeindruckende Arbeit geleistet, so die Statistiker, doch die Stichprobe sei keine gute Abbildung der amerikanischen Männer gewesen. Kinsey hatte inzwischen auch eine Studie über das Sexleben von Frauen veröffentlicht, bei der er sich derselben Methode bediente wie bei seinem Männerreport. Wieder war die Stichprobe nicht repräsentativ, wieder zeichnete er ein verzerrtes Bild. Aber das spielte keine Rolle. »Den meisten Amerikanern war es nämlich ziemlich egal, was die drei Statistiker dachten«, schrieb 1997 Kinseys Biograf James Jones. »Sie wollten wissen, was Kinsey herausgefunden hatte.«[53]

Bis zum heutigen Tag führt Kinseys Sexstudie zu hitzigen Diskussionen. Anlass des Streits ist jedoch nicht die Frage nach der Repräsentativität der Umfrage, sondern es sind die vier bemerkenswerten Tabellen in Kapitel 5 von Kinseys Männerreport. Die Tabellen lieferten Ergebnisse über das Sexualverhalten von 317 Jungen – der älteste ist fünfzehn Jahre alt, der jüngste gerade einmal zwei Monate. Die erste Tabelle zeigt, wie viele der Jungen schon einmal einen Orgasmus hatten; die zweite, wie lang es dauerte, bis es zum Orgasmus kam (durchschnittlich 3,02 Minuten); in der dritten und vierten Tabelle werden Jungen erfasst, die während einer Beobachtungszeit von bis zu 24 Stunden mehrere Orgasmen gehabt hatten. Im Begleittext wird darauf hingewiesen, dass neun Männer diese Daten gesammelt hatten. Doch 2005 kam heraus, dass das eine Lüge war: Es gab nur eine Quelle.[54] Kinsey hatte vorgegeben, dass mehrere Männer die Daten erhoben hatten, um den Mann zu schützen.

Was steckte dahinter? Als kleiner Junge hatte Mr X Sex mit seiner Großmutter und seinem Vater[55] und war seit frühester Kindheit von Sex besessen. Einer von Kinseys Kollegen hatte bereits 1972 über diesen Mann geschrieben, der zu diesem Zeitpunkt »homosexuelle Beziehungen mit 600 präadoleszenten Jungen [gehabt hatte], heterosexuelle Beziehungen mit 200 präadoleszenten Mädchen, Geschlechtsverkehr mit unzähligen erwachsenen Männern und Frauen [und] mit vielen Tieren«.[56] All seine Aktivitäten hatte Mr X genau notiert.

Kinsey sah in diesen Aufzeichnungen eine wissenschaftliche Goldmine. »Ich gratuliere Ihnen zu Ihrem Forschergeist, der

Sie dazu gebracht hat, über so viele Jahre Daten zu sammeln«, schrieb er. Mr X, der als Beamter viele Geschäftsreisen unternehmen musste und in die Wände seiner Hotelzimmer Löcher gebohrt hatte, um seine Zimmernachbarn beim Sex zu beobachten. Kinsey interessierte sich außerordentlich für die Notizen über diese Hotelbeobachtungen. Er sah überhaupt kein Problem darin, die Daten zu benutzen, vielmehr war er der Ansicht, als Wissenschaftler sei es seine Aufgabe, diese Fakten zu sammeln, und nicht, sie moralisch zu beurteilen.

Kinsey irrte sich: Als Wissenschaftler fällt man immer ein moralisches Urteil. Das haben wir bereits in Kapitel 2 gesehen, wo aufgezeigt wurde, wie sich Wissenschaftler entscheiden, welches Thema für sie wichtig ist, wie sie mit den Befragten umgehen und was sie schließlich mit den gesammelten Informationen anfangen. Kinseys Lüge, dass mehrere Männer an die Daten gekommen waren, war ein wissenschaftlicher Fehler und das Akzeptieren der Zahlen über Kindesmissbrauch war in den Augen vieler unmoralisch. Indem er Mr X als Kollegen betrachtete, billigte Kinsey dessen Verhalten ausdrücklich.

Aber das ist noch nicht alles. Kinsey hatte eine Mission. Der allem Anschein nach objektive Professor mit der Fliege hatte insgeheim jahrzehntelang mit seiner eigenen sexuellen Identität gehadert. James Jones schrieb in seiner Biografie, dass Kinsey Affären mit Männern gehabt, mit sadomasochistischen Praktiken experimentiert und seine Universitätskollegen dazu ermuntert hatte, offene Ehen zu führen. Er meinte, dass die konservativen sexuellen Normen seiner Zeit die Menschen davon abhielten, sie selbst zu sein. Er fragte sich sogar, ob Pädophilie wirklich so schlecht sei, wie viele Menschen behaupteten. Zu einem Kollegen hatte Kinsey einmal gesagt, dass sexueller Kontakt zwischen einem Erwachsenen und einem Kind manchmal heilsam sein könne.

Als der Film »Kinsey – Die Wahrheit über Sex« mit Liam Neeson in der Hauptrolle 2004 in die Kinos kam, loderte die Diskussion über den Kinsey-Report wieder auf. Verfechter der sexuellen Freiheit sahen in Kinsey den Wegbereiter von sexueller Revolution, Pille, Abtreibung und Homosexuellenrechten. Gegner warfen ihm vor, dass er verachtenswerte Normen salonfähig gemacht habe. Auf welcher Seite man auch steht, eines ist klar: Kinseys Daten waren nicht objektiv, sondern unterlagen seiner Mission, sexuelle Normen aufzubrechen. Man sollte also niemals nur fragen, *wie* Daten erhoben werden, sondern auch, *wer* sie sammelt.

Im Falle Kinseys bestätigten die nicht repräsentativen Daten sein Bauchgefühl: das tatsächliche Verhalten der Menschen ist anders, als es die Normen vorschreiben. Seine Studie war reiner Aktionismus, wissenschaftlich aufgepeppt mit Grafiken und Tabellen.

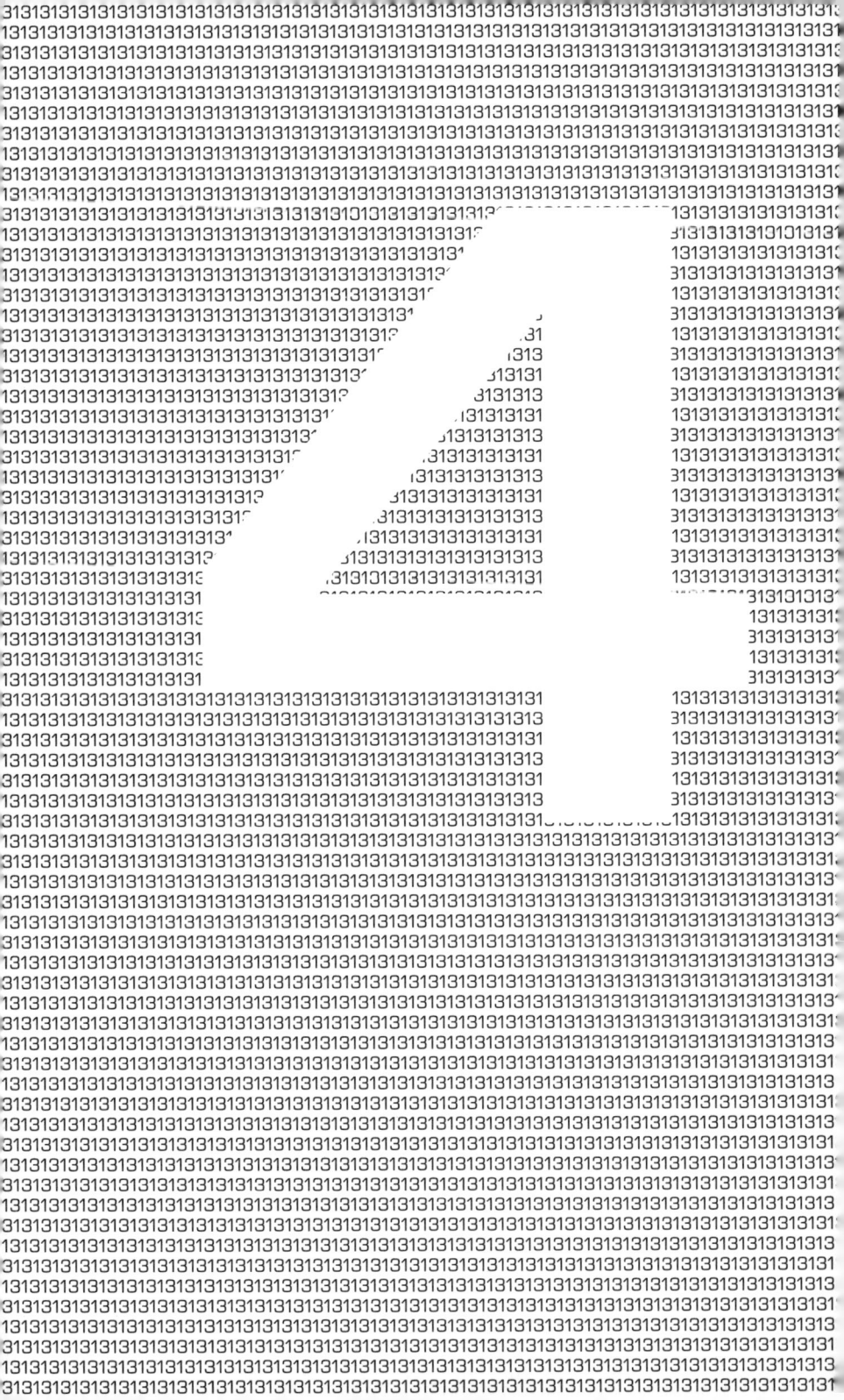

4.

—

RAUCHEN VERURSACHT LUNGENKREBS (UND BABYS WERDEN TROTZDEM NICHT VOM STORCH GEBRACHT)

1953 befand sich die Tabakindustrie in großen Schwierigkeiten.[1] Die Aktien von Philip Morris, der U.S. Tobacco Company und anderer Zigarettenhersteller hatten enorm an Wert verloren, nachdem der Krebsforscher Ernest Wynder und seine Kollegen Ergebnisse ihrer Forschungen veröffentlicht hatten. Die Forscher hatten weißen Mäusen Teer, den sie aus Zigarettenrauch konzentriert hatten, auf geschorene Stellen ihres Fells gestrichen.[2]

Die Ergebnisse dieses Experiments waren aufsehenerregend: 44 Prozent der Mäuse in der Testgruppe bekamen Krebs; von den 81 Mäusen, die mit dem Teer bestrichen worden waren, lebten nach zwanzig Monaten nur noch zehn Prozent. Bei der nicht bestrichenen Kontrollgruppe kam es zu keinem einzigen Krebsfall, und nach zwanzig Monaten lebten noch 53 Prozent der Tiere. Die *New York Times*, das Magazin *Life* und das äußerst beliebte *Reader's Digest* berichteten sorgenvoll von den Experimenten. *Reader's Digest* titelte voll Grausen: »Eine Stange Krebs.«

Die Tabakkonzerne konnten den Aufruhr über die Forschungsergebnisse nicht einfach ignorieren und verabredeten sich im Dezember desselben Jahres zu einem Treffen.[3] In den hohen Räumen der Bar Oak Room im Plaza Hotel unweit des New Yorker Central Parks schmiedeten sie Pläne, um ihre Konzerne gegen die kritischen Angriffe durch die Wissenschaft zu wappnen. Unter ihnen befand sich auch der Mann, von dem sie sich Abhilfe versprachen: John Hill. John Hill war der Geschäftsführer von Hill & Knowlton, eine der mächtigsten PR-Agenturen Amerikas. Hills Strategie bestand darin, die Öffentlichkeit davon zu überzeugen, dass die Beschuldigungen von Wynder und Kollegen wissenschaftlich unzuverlässig waren. Alle Bedenken über den Konsum von Zigaretten sollten zerstreut werden.

Der erste Schritt war rasch getan. Am 4. Januar 1954 gaben die großen Zigarettenkonzerne die Gründung des Tobacco Industry Research Committee bekannt.[4] In vierhundert Zeitungen schalteten sie ganzseitige Anzeigen, die der Öffentlichkeit versicherten, Tabakprodukte seien unschädlich.[5] Der Mensch erfreue sich schon seit Hunderten von Jahren am Rauchen, und in dieser Zeit hätten Kritiker den Tabak für »so ziemlich alle Krankheiten des Menschen« verantwortlich gemacht. Bisher, so das Komitee, hätte sich keine der Beschuldigungen beweisen lassen. Den aktuellen Verdacht, so die Hersteller, nähmen sie sich dennoch zu Herzen, weshalb sie sich verpflichteten, die Forschungen in »allen Phasen des Tabakkonsums und der Gesundheit« finanziell zu unterstützen.

Damit begann ein Komplott, das fast fünfzig Jahre Bestand haben und ungezählte Menschen das Leben kosten sollte. Der amerikanische Justizminister behauptete später, die Magnaten hätten an jenem berüchtigten Tag im Dezember 1953 beschlossen, »die amerikanische Bevölkerung wissentlich über die wahren gesundheitlichen Folgen des Rauchens zu täuschen«.[6] Doch die Tabakindustrie war bei diesem Täuschungsmanöver nicht allein. Tausende Wissenschaftler halfen ihr dabei.

Mit Statistiken lügen

1954, im selben Jahr, in dem die ganzseitige Anzeige der Tabakindustrie erschien, veröffentlichte Darrell Huff das Buch *How to Lie with Statistics* (die deutsche Ausgabe erschien 1965 unter dem Titel *Wie lügt man mit Statistik*).[7] Das 142 Seiten umfassende Werk wurde eines der populärsten Bücher über Zahlen. Huff war kein Statistiker, sondern ein Journalist mit ungezügelter Neugier.[8]

Nachdem er sich in früheren Büchern der Fotografie, Karrieretipps oder der Hundehaltung gewidmet hatte, wollte er die Leser nun über die Möglichkeiten des Zahlenmissbrauchs aufklären: »Betrüger kennen die Tricks«, witzelte er in der Einleitung, »ehrliche Menschen müssen sie zu ihrer Selbstverteidigung erst lernen.« Das Buch wurde ein Riesenerfolg, allein von der englischsprachigen Ausgabe wurden mehr als anderthalb Millionen Exemplare verkauft.

Es gehört auch zu meinen Lieblingsbüchern über Zahlen. Humorvoll beschreibt Huff nicht nur beliebte Fehler wie nichtrepräsentative Erhebungen oder in die Irre führende Grafiken, sondern auch einen weiteren klassischen Fehler: die Verwechslung von Korrelationen und Kausalität, das heißt, die irrtümliche Annahme, das Verhältnis zwischen zwei Dingen beruhe automatisch auf einem kausalen Zusammenhang.

Huff polemisiert, dass man diesen Fehler begeht, wenn man von der Zahl der Storchennester auf einem Hausdach Rückschlüsse auf die Anzahl der Babys im Haus zieht. Mit anderen Worten: Es besteht ein Zusammenhang zwischen Babys und Störchen. Aber – Achtung, Spoileralarm! – Kinder werden trotzdem nicht von großen schwarz-weißen Vögeln gebracht. Der Zusammenhang zwischen zwei Phänomenen (Korrelation) bedeutet nicht, dass die eine Sache die andere verursacht (Kausalität). Man sollte stets in Betracht ziehen, dass ein dritter Faktor im Spiel sein könnte. »In großen Häusern wohnen große (oder potentiell große) Familien«, schreibt Huff, »und große Häuser haben viele Schornsteine, auf denen Störche nisten können.«

Nicht nur Statistiker sollten diesen Fehler erkennen können, sondern wir alle. Viele wichtige Entscheidungen basieren auf einem unterstellten ursächlichen Zusammenhang. Die Regierung beschließt Einsparungen, weil sie überzeugt ist, damit die Staatsschuld zu verringern. Ein Raucher hört mit dem Rauchen auf, weil die Ärzte ihm sonst Lungenkrebs prophezeien. Ich fliege so selten wie möglich, weil es nach Meinung der Experten besser für das Klima ist. Dahinter steckt die Ansicht, dass, wer die Ursache eines Missstandes kennt, etwas daran ändern kann.

Doch darf dabei Korrelation und Kausalität nicht verwechselt werden. Diesem Fehler begegneten wir schon im Kapitel 2, wo Politiker die Hautfarbe eines Menschen mit dem IQ in Zusammenhang brachten, oder in Kapitel 3, wo der Psychologe Amy Cuddy Körperhaltung und Hormonspiegel miteinander verknüpfte.

Aber nirgends ist dieser Fehler so häufig zu beobachten wie bei Nachrichten aus dem Bereich der Gesundheit. Angeblich fallen Heuschnupfenanfälle schwächer aus, wenn man Gin-Tonic trinkt,[9] wer das Schamhaar abrasiert, vergrößert die Gefahr einer ansteckenden Geschlechtskrankheit,[10] und schwarze Schokolade ist gut für das Herz[11] – eine willkürliche Auswahl aus den Berichten, wie sie uns täglich überschwemmen. Solche

Behauptungen sind oft übertrieben, weil die Medien lieber spektakulär klingende Nachrichten verbreiten. Meist stammen sie aus den Presseabteilungen der Universitäten, die für die Bekanntmachung neuer Erkenntnisse in der Welt der Medizin verantwortlich sind. Niederländische Wissenschaftler untersuchten die Verbreitung von Pressenachrichten des Jahres 2015 und stellten fest, dass bei 20 Prozent der akademischen Pressemitteilungen die Forschungsergebnisse spektakulärer dargestellt oder die kausalen Zusammenhänge stärker betont wurden, als es gerechtfertigt war.[12] Oft übernahmen die Medien diese Übertreibungen eins zu eins.

Wenn man aber Journalisten und Wissenschaftlern nicht mehr blind vertrauen kann, wie soll man dann als Leser wissen, ob Nachrichten Unfug sind oder nicht? Wie können wir herausfinden, ob Rauchen nun tatsächlich Lungenkrebs verursacht? Das Buch von Darrell Huffs liefert dafür eine Anleitung. Der Autor beschreibt drei Arten der Unfugs-Kausalität.

1. Es ist Zufall

Für ihre Analyse von Krebsstudien nutzten die beiden Mediziner Jonathan Schoenfeld und John Ioannidis als Hauptquelle – ein Kochbuch.[13] Willkürlich wählten sie einige Rezepte aus dem *Boston Cooking School Cook Book* und erstellten eine Liste der ersten fünfzig Zutaten, die sie darin fanden. Mit dieser Liste durchforsteten sie das PubMed Central, die frei zugängliche Datenbank für wissenschaftliche Literatur aus dem Bereich Medizin und Biologie. Sie entdeckten Erstaunliches: Vierzig der fünfzig Zutaten waren in einer oder mehreren Untersuchungen mit Krebs in Verbindung gebracht worden. Die Forscher fragten sich nun, ob denn alles, was wir essen, etwas mit Krebs zu tun habe.

Was sie herausfanden, war bizarr: Ein und dieselbe Zutat wurde sowohl für potentiell krebserregend als auch für krebsschützend gehalten. Eine Studie besagte, Wein schütze vor Krebs, eine andere dagegen riet, das Glas besser stehen zu lassen.

Schoenfeld und Ioannidis wählten am Ende nur jene Lebensmittel aus, die Gegenstand von mindestens zehn wissenschaftlichen Studien waren. Sie kamen auf zwanzig Nahrungsmittel, von denen siebzehn Gegenstand von Forschungen mit widersprüchlichen Ergebnissen gewesen waren – von Tomaten bis Tee, von Kaffee bis Rindfleisch.

Die Ergebnisse konnten ja nicht alle stimmen, also stellte sich die Frage: Wie waren die Forscher zu ihren Ergebnissen gekommen? Eine mögliche Erklärung bietet Huffs erste Spielart der Unfugs-Kausalität: *Es war Zufall.*

Am Beispiel eines achtarmigen Wahrsagers lässt sich zeigen, wie sich die Sache mit dem Zufall und der Korrelation verhält.[14] Während der Fußballweltmeisterschaft 2010 sagte Paul, ein Krake, die Sieger der Spiele voraus. Acht Mal öffneten seine Tentakel den Futterbehälter mit der Flagge jenes Fußballnationalteams, das das nächste Spiel gewinnen sollte. Und vor jedem Spiel standen Scharen von Journalisten vor dem Aquarium und warteten gespannt auf das Krakenorakel. Als die Niederlande und Spanien im Finale standen, prophezeite Paul die Niederlage der Niederländer. Der Krake wurde eine Berühmtheit: Man machte ihn zum Ehrenbürger der spanischen Stadt O Carballiño und zum Botschafter für Englands Bewerbung um die Fußball-WM 2018. Der iranische Präsident Mahmud Ahmadineschad sah in dem Tier ein Symbol für alle Verwerflichkeit der westlichen Welt.

Hatte Paul am Ende einfach nur Glück? Die Wahrscheinlichkeit, dass Paul die acht Spiele zufällig voraussagte, ist eins zu 256, das heißt 0,4 Prozent. Ungefähr so groß wie die Wahrscheinlichkeit, beim Münzenwerfen acht Mal hintereinander Kopf zu werfen. Keine große Wahrscheinlichkeit, aber weit

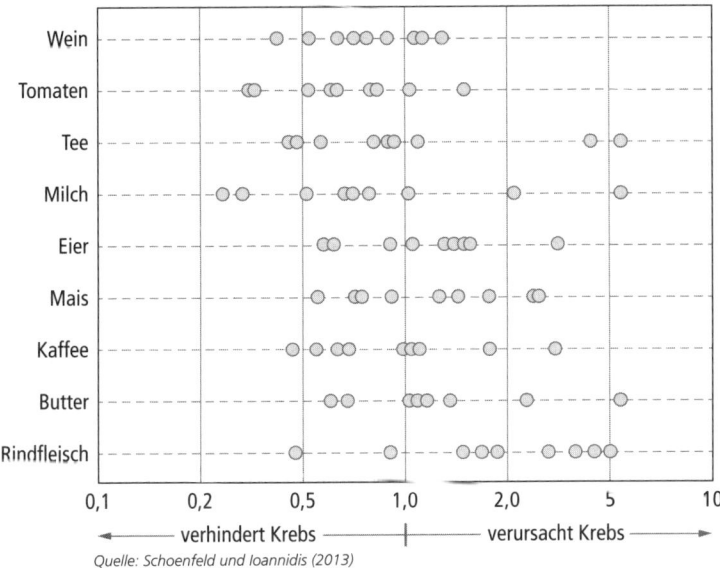

Zusammenhang zwischen Krebs und verschiedenen Lebensmitteln
○ Forschungsergebnis

Wein, Tomaten, Tee, Milch, Eier, Mais, Kaffee, Butter, Rindfleisch

0,1 0,2 0,5 1,0 2,0 5 10

◄——— verhindert Krebs ———|——— verursacht Krebs ———►

Quelle: Schoenfeld und Ioannidis (2013)

wahrscheinlicher, als einen Sechser im Lotto zu gewinnen –
hier liegt die Wahrscheinlichkeit bei 1 zu 13 983 816.[15]

Pauls Prophezeiungen sind weniger spektakulär, wenn man
weiß, dass es einen ganzen Zoo von Tieren gab, die bei den
Weltmeisterschaften ebenfalls die Spiele vorhersagen sollten,
unter anderem Leon, das Stachelschwein, Petty, das Zwergnil- 109
pferd, und Anton, der Krallenaffe. Alle drei sagten ebenfalls
Spiele korrekt voraus, waren damit aber nicht so erfolgreich wie
ihr Kollege Paul. Man muss nur genug Tiere raten lassen, dann
ist sicher eines dabei, das richtig rät.

Mit den Korrelationen ist es genauso. Man muss nur lange
genug suchen, dann findet man sicher einen Zusammenhang.
Der beste Beweis dafür ist der Analyst Tyler Vigen, der dadurch
berühmt wurde, dass er auf seiner Webseite *Spurious Correla-*
tions die verrücktesten Scheinkorrelationen darstellte.[16] Er

fand heraus, dass sich die Zahl der Badegäste, die jährlich in Schwimmbädern ertrinken, proportional verhielt zu den Nicolas-Cage-Filmen, die pro Jahr erschienen. Und der Käseverzehr in den USA nahm in den Jahren von 2000 bis 2008 in gleichem Maße zu wie die Zahl der Menschen, die dadurch starben, dass sie sich in ihren Bettlaken verhedderten. Vigens Korrelationen sind Unfug, aber geistreich. Weniger witzig ist die Tatsache, dass Korrelationen bei medizinischen Studien in ähnlicher Weise auf Zufall beruhen können. Der Comicautor Randall Munroe hat einen Cartoon gezeichnet, der das illustriert: Ein Strichfrauchen kommt in einen Raum gerannt und schreit:»Jelly Beans verursachen Akne!« Im nächsten Bild verkünden zwei Wissenschaftler – ebenfalls Strichmännchen, eins mit Laborbrille, das andere mit Dokumenten in der Hand –, es gebe keinen Zusammenhang. Das Strichfrauchen reagiert:»Vielleicht löst nur eine bestimmte Farbe die Akne aus.« Die Wissenschaftler wiederholen das Experiment mit violetten Jelly Beans, mit braunen, rosafarbenen, blauen, blaugrünen, lachsfarbenen, roten, türkisfarbenen, magentafarbenen, gelben, grauen, hellbraunen, kobaltblauen, malvenfarbigen, beigen, lilafarbenen, schwarzen, pfirsichfarbenen und orangefarbenen. Bei keiner dieser Farben lässt sich ein Zusammenhang von Jelly Beans und Akne beweisen. Im letzten Bild sieht man die Vorderseite einer Zeitung abgebildet, auf der steht:»Grüne Jelly Beans könnten Akne verursachen!«[17]

In Kapitel 3 haben wir das Problem der zu kleinen Stichprobe kennengelernt, in diesem Comic treffen wir auf zwei andere häufig vorkommende Probleme der Wissenschaft. Das erste Problem ist der sogenannte Publikationsbias. Weil in zahlreichen Forschungsbereichen das Mantra »kein Zusammenhang, kein Interesse« gilt, werden nur Studien veröffentlicht, die einen Zusammenhang zwischen Sachverhalten behaupten. Das gilt nicht nur für die Medien, sondern auch für die wissenschaftlichen Publikationsorgane. Studien mit einem Null-Ergebnis bleiben meist in den Schubladen. Dadurch liefert die wissenschaftliche Literatur ein verzerrtes Bild der Forschungsergebnisse. Dass die Forscher, weil sie ja publizieren müssen, in ihren Daten nach eindeutigen Zusammenhängen suchen, ist ja an sich nichts Schlechtes. Doch es ist wie im Jelly-Beans-Comic: Man muss nur lange genug suchen, dann findet sich auch was.

Im Comic kann man auf der Titelseite der Zeitung außerdem lesen: »Zufallswahrscheinlichkeit geringer als fünf Prozent!« Der Comiczeichner Munroe spielt hier auf den sogenannten p-Wert an, der die Wahrscheinlichkeit angibt, dass das Ergebnis auf purem Zufall beruht. Der renommierte Statistiker Ronald Fisher entwickelte den p-Wert, mit dem im zwanzigsten Jahrhundert hauptsächlich bestimmt wurde, ob ein Zusammenhang signifikant ist oder nicht.

Wer untersuchen möchte, ob es zwischen grünen Jelly Beans und Akne tatsächlich einen ursächlichen Zusammenhang gibt, der sollte wie Archie Cochrane bei seinem Experiment aus dem Kapitel 1 vorgehen. Dazu würden Testpersonen in zwei Gruppen geteilt, wobei eine Gruppe einen Monat lang täglich grüne Jelly Beans verabreicht bekäme und die andere grüne Zuckerpillen. Zu erwarten wäre, dass am Ende des Experiments in der Placebo-Gruppe 10 Prozent der Probanden an Akne litten. Wenn in der Jelly-Beans-Gruppe mehr Akne-Fälle aufträten als in dieser Kontrollgruppe, könnte das auf einen Zusammenhang hindeuten – oder reiner Zufall sein.

Würden in der Jelly-Beans-Gruppe 100 Prozent an Akne erkranken, könnte von Zufall keine Rede mehr sein. Was aber ist mit 90 Prozent? Schließen die einen Zufall aus? Und mit 50 Prozent? Irgendwo muss die Grenze ja liegen. Der p-Wert gibt die Wahrscheinlichkeit an, womit es in der Jelly-Beans-Gruppe gehäuft zu Akne kommen kann, obwohl Jelly Beans in

111

Wirklichkeit gar keine Akne verursachen. Liegt dieser Wahrscheinlichkeitswert unter einem vereinbarten Grenzwert – meist 5 Prozent – dann ist die Wahrscheinlichkeit, dass das erhöhte Vorkommen auf einem bloßen Zufall beruht, so klein, dass von einem »statistisch signifikanten« Zusammenhang auszugehen ist.

Aber aufgepasst: Das bedeutet nicht zwangsläufig, dass Jelly Beans Akne verursachen. Denn selbst bei einem p-Wert von 5 Prozent weisen noch immer 5 Prozent der Untersuchungen ein überraschendes Ergebnis auf. Die Wahrscheinlichkeit, im Lotto zu gewinnen, ist sogar noch um einiges kleiner, und trotzdem gibt es Lottogewinner.

Und damit kommen wir zum zweiten Zahlenproblem in der Wissenschaft. Vor allem Sozialwissenschaftler waren lange Zeit auf den p-Wert fixiert. Wissenschaftliche Zeitschriften publizierten mit Vorliebe signifikante Ergebnisse. Da für Forscher gilt, dass sie möglichst viele wissenschaftliche Aufsätze publizieren müssen, um mit ihrer Karriere voranzukommen, suchen sie aktiv nach ausreichend niedrigen p-Werten. Dieses Verhalten nennt man *p-hacking*.

Der ehemalige Professor Brian Wansink von der amerikanischen Cornell University trieb es mit dem *p-hacking* allerdings zu weit. Er wurde mit Studien berühmt, die beweisen sollten, dass Kinder lieber Äpfel essen, die mit Sesamstraßen-Stickern verziert sind,[18] oder dass Menschen weniger essen, wenn das Gericht auf einem kleineren Teller serviert wird.[19] Mit seinen Forschungen erregte er sogar in Medien wie der angesehenen *New York Times* große Aufmerksamkeit. Unter Präsident George W. Bush leitete er ein Ernährungszentrum, das dem Landwirtschaftsministerium unterstand.

2017 stellte sich heraus, dass seine Studien fehlerhaft waren. E-Mails wurden veröffentlicht, die offenbarten, wie Wansink und seine Kollegen vorgegangen waren. Nachdem eine Kollegin dem Wissenschaftler gemailt hatte, dass die Analyse der Daten eines All-you-can-eat-Restaurants für die Studie über die kleinen Teller nichts erbracht hatten, mailte er ihr zurück: »Ich glaube nicht, dass ich jemals eine interessante Untersuchung durchgeführt habe, bei der die Daten etwas ›erbracht‹ hätten.«[20] Daraufhin forderte er die Kollegin auf: »Probieren Sie doch mal, die Daten auf alle möglichen Arten zu zerhacken, und analysieren Sie die Teilmengen so lange, bis ein Zusammenhang behauptet werden kann.«[21] Mit anderen Worten: Prüfe sämtliche Jelly Beans, bis du eine Farbe findest, die mit Akne in Verbindung gebracht werden kann.

Auf einmal erscheint Schoenfelds und Ioannidis' Entdeckung, dass so viele unserer Lebensmittel mit Krebs in Verbindung gebracht werden können, gar nicht mehr so merkwürdig. Als Folge des Publikationsbias, also der Tatsache, dass eher Studien mit einem signifikanten Ergebnis veröffentlicht werden, blieben Studien, die keinen Zusammenhang fanden, in der Schublade liegen. Deshalb p-hackten die Forscher solange, bis sie zufällig auf einen Zusammenhang mit niedrigem p-Wert stießen, egal, ob dieser Zusammenhang positiv oder negativ war. Er musste nur signifikant sein.

2. Der fehlende Faktor

Nachdem Archie Cochrane von den Deutschen die Hefe erhalten hatte, sank die Zahl der Ödempatienten im Kriegsgefangenenlager rasch. Da aber Cochrane in seinen Khaki-Bermudas, aus denen seine sichtbar geschwollenen Knie hervorschauten, von den Deutschen außer »sehr viel Hefe« auch gleichzeitig eine bessere und reichhaltigere Ernährung verlangt hatte, ist nicht nachzuweisen, ob es tatsächlich die Hefe war, die für den schnellen Rückgang der Ödeme verantwortlich war.[22]

Der Rückgang konnte genauso gut an der besseren Ernährung in Form von achthundert Kalorien pro Tag gelegen haben.

Aber da war noch etwas anderes. Wie wir in Kapitel 3 lesen konnten, bezeichnete Cochrane in seiner Autobiografie das Ödem-Experiment als seine erfolgreichste wissenschaftliche Studie, gab aber gleichzeitig zu, dass sie seine schlechteste war, weil die Stichproben zu klein gewesen seien. Zudem gestand er, von einer falschen Hypothese ausgegangen zu sein. Er war ursprünglich der Ansicht gewesen, Beriberi sei die Ursache für die geschwollenen Knöchel und Knie gewesen, weswegen er angefangen hatte, mit Vitamin B (Hefe) zu experimentieren. Später gab er sich überzeugt, dass die Symptome höchstwahrscheinlich nicht durch Beriberi, sondern durch Hungerödeme entstanden waren. Hungerödeme aber können nicht durch eine Verabreichung von Vitamin B geheilt werden, sondern nur durch eine verbesserte Nahrungszufuhr. Warum aber wurden die Patienten im Hefe-Experiment dann doch geheilt? Das sei ein »Mysterium«, schreibt Cochrane, vermutet aber, dass die Eiweiße in der Hefe zur Heilung führten.

Cochranes Bericht bringt uns zur zweiten Spielart der Unfugs-Kausalität: *Der fehlende Faktor, der sowohl bei der* »*Ursache*« *als auch bei der* »*Folge*« *eine Rolle spielt.* Durch die Hefe bekamen die Gefangenen mehr Vitamin B (»Ursache«) und weniger Ödeme (»Folge«), was nicht zwangsläufig bedeutet, dass ein Mangel an Vitamin B die Ödeme verursacht hatte. Ähnlich wie bei Huffs Beispiel mit den Störchen und den Babys gab es hier einen dritten Faktor, der eine Rolle spielte. Dort war es die Größe des Dachs gewesen, bei Cochrane die Extraration an Nahrungsmitteln.

Ein weiteres Beispiel. Huff beschreibt in seinem Buch eine Studie, die einen Zusammenhang zwischen Rauchen und studentischen Leistungen erkundete. Dem ging die Beobachtung voraus, dass Raucher schlechtere Noten bekamen. Die Schlussfolgerung, dass Studenten also besser mit dem Rauchen aufhören sollten, hielt Huff für Unfug. Es gebe genug andere Faktoren, die sowohl für schlechtere Noten als auch für die Tatsache, dass jemand rauchte, verantwortlich sein konnten. Rauchten sozialer eingestellte Menschen häufiger als unsozialere, und steckten sie aus Geselligkeitsgründen die Nase seltener in die Bücher? Oder war zwischen introvertierten und extrovertierten Studenten zu unterscheiden? Wenn es so viele plausible Erklärungen gebe, so Huff, dürfe man sich nicht einfach für diejenige entscheiden, die einem am besten gefalle.

Dieser Fehler wurde 2015 bei einer großen niederländischen Studie an mehr als 37 000 Brustkrebspatientinnen gemacht.[23] Der Pressemitteilung zufolge, die die Forscher verbreiteten, überlebten Frauen, bei denen die Brust während der Behandlung nicht amputiert worden war und die sich stattdessen einer Strahlenbehandlung unterzogen hatten, eine Krebserkrankung öfter.[24] Das Ergebnis erregte natürlich großes Aufsehen. Viele Frauen fürchteten nun, dass ihre Brustamputation ein Irrtum gewesen sei, und erkundigten sich, ob sie sich vielleicht doch noch einer Strahlenbehandlung unterziehen sollten. Krankenhäuser veröffentlichten auf ihren Webseiten Informationen, um die Patientinnen zu beruhigen.[25] Später mussten die Autoren der Studie zugeben, dass sich ein kausaler Zusammenhang zwischen den beiden Phänomenen nicht nachweisen ließ.[26]

Es gab zu viele zusätzliche Faktoren, die sowohl mit der Entscheidung für eine bestimmte Behandlung (»Ursache«) als auch mit der erhöhten Überlebenschance (»Folge«) in Zusammenhang standen. Litt eine Patientin etwa an einer weiteren schweren Krankheit – sagen wir mal einer Herzerkrankung –, rieten ihr die Ärzte eher zu einer Amputation,[27] da eine Strahlenbehandlung zu anstrengend wäre. Dass diese brustamputierten Frauen öfter starben, lag weniger an der Operation als an ihrem allgemein schlechteren Gesundheitszustand.

3. Es verhält sich (auch) umgekehrt

Die dritte und letzte Spielart der Unfugs-Kausalität, die Huff erwähnt, lautet: *Es verhält sich umgekehrt.* Wenn es regnet, sieht man zahlreiche Menschen mit einem Schirm auf der Straße. Müssen wir daraus schließen, dass Regenschirme Regen verursachen? Natürlich nicht. Der Regen ist der Grund für die vielen Schirme.

Huff will uns damit sagen, dass das Verhältnis zwischen Ursache und Wirkung nicht immer eindeutig ist. Wenn eine reiche Person einen Haufen Aktien besitzt, ist sie dann durch die Aktien reich geworden, oder hat sie so viele Aktien, weil sie vorher schon reich war? Beides ist möglich. Kausalität kann damit in zwei Richtungen gleichzeitig wirken – eine Person ist reich, kauft Aktien, wird reicher, kauft noch mehr Aktien und so weiter.

Dasselbe gilt auch für das »Übergewichtsparadox«. Man hat festgestellt, dass Menschen mit Übergewicht größere Überlebenschancen haben können als Menschen mit »Normal«-Gewicht. Das ist insofern überraschend, als man allenthalben zu hören bekommt, Übergewicht sei ungesund. Wissenschaftler schlossen daraus, dass Übergewicht möglicherweise eine Schutzfunktion besitzt, die das Leben von Menschen verlängert.

Doch man hatte dabei etwas Wichtiges übersehen: Wer krank ist, nimmt ab. Ein niedrigeres Gewicht ist nicht per se die Ursache für eine schlechte Gesundheit, sondern vielfach ein Resultat davon. Das fand man 2015 in einer Folgestudie heraus und korrigierte die vorher veröffentlichten Forschungsergebnisse.[28]

Eine Korrelation bedeutet also nicht automatisch einen kausalen Zusammenhang, denn sie kann genauso gut auf einem Zufall (Unfugs-Kausalität Nr. 1), auf einem fehlenden Faktor (Unfugs-Kausalität Nr. 2) oder auf einem umgekehrten Verhältnis beruhen (Unfugs-Kausalität Nr. 3).

Wie aber erkennt man einen echten ursächlichen Zusammenhang? Oder, auf unseren Fall angewendet: Wie haben wir die Gewissheit erlangt, dass Rauchen zu Lungenkrebs führt?[29]

Intermezzo: Wenn alle sich plötzlich über den Speck aufregen

Im Herbst 2015 kursierten in den Medien beunruhigende Nachrichten zum Verzehr von verarbeiteten Fleischprodukten wie Würstchen und Speck.[30] Die niederländische Nachrichtensendung »NOS Journaal« berichtete: »Menschen, die täglich verarbeitetes Fleisch essen, erkranken zwanzig Mal häufiger an Darmkrebs.« Auch etliche andere Medien widmeten sich dem Thema, oder, um es mit den Worten des Satirikers Arjen Lubach zu sagen: »Alle spielten das Spiel: Lasst uns die Nachrichten so krebserregend wie möglich machen.«[31] Die auflagenstarke Gratiszeitung *Metro*, die täglich in der niederländischen Bahn ausliegt, titelte: »Speck ist so krebserregend wie Rauchen.« Und setzte am nächsten Tag mit der Schlagzeile noch eins drauf: »Kann ich überhaupt noch etwas essen, ohne zu sterben?« (Was dem Satiriker Lubach die höhnischen Worte entlockte: »Wenn dir das gelingt, bist du der Erste.«)

Auch das »NOS Journaal« hatte deutlich übertrieben: Statt »zwanzig Mal häufiger« hätte es heißen müssen: »fast 20 Prozent häufiger«. Trotzdem beteiligten sich auch jene Medien, die die Zahlen richtig wiedergegeben hatten, an der Panikmache. Klar, denn auch eine Zunahme von 20 Prozent scheint enorm zu sein.

Was bei vielen Berichten fehlte, war ein nicht unerhebliches Detail: 20 Prozent von was eigentlich? Schaut man genauer hin, sagen die Zahlen, dass sechs von hundert Niederländern an Darmkrebs erkranken.[32] Dieser Prozentsatz sinkt der

WHO zufolge um 18 Prozent – da kommen die »fast 20 Prozent« her –, wenn man aufhört, verarbeitetes Fleisch zu essen.[33] Nicht mehr sechs, sondern nur noch fünf von hundert Niederländern erkranken an Darmkrebs.

So geschieht es häufig bei Gesundheitsnews: Man erfährt etwas über *relative* Risiken (fast 20 Prozent), aber nichts darüber, was das *absolut* bedeutet, nämlich: eine von hundert Personen.

Wie Hitler das Leben von Millionen Rauchern hätte retten können

Wann begann die Erforschung des Zusammenhangs zwischen Rauchen und Lungenkrebs eigentlich? Wynder und seine Kollegen ließen 1953 die Tabakproduzenten aufschrecken, indem sie Teer auf Mäuserücken applizierten. Doch wissenschaftliche Untersuchungen über die Risiken des Rauchens für die Gesundheit existierten schon viel früher. Bereits 1898 vermutete der deutsche Medizinstudent Hermann Rottmann einen Zusammenhang zwischen Rauchen und Lungenkrebs, und 1930 erbrachte der deutsche Arzt Fritz Lickint als einer der Ersten einen statistischen Beweis.[34] Ebenfalls in den 1930er Jahren führte der Argentinier Angel Roffo erste Tierversuche durch, bei denen er Teer auf Kaninchenohren strich. Eine ekelerregende Zeichnung aus jener Zeit zeigt ein mit himbeerroten Geschwüren übersätes braunsamtenes Ohr. Roffo veröffentlichte Hunderte von Artikeln über den Zusammenhang zwischen Rauchen und Lungenkrebs, vor allem in deutschen Zeitschriften.

Es ist kein Zufall, dass die Anfänge der Forschung nach den Gesundheitsrisiken des Rauchens in Deutschland zu finden sind. In den 1930er Jahren war Deutschland in der Medizin führend. Und es gab im 20. Jahrhundert wohl keinen politischen Führer, der das Rauchen stärker bekämpfte als Adolf Hitler. Er behauptete sogar, dass der Nationalsozialismus niemals solchen Erfolg gehabt hätte, wenn er, Hitler, 1919 nicht mit dem Rauchen aufgehört hätte.

1939 veröffentlichte Fritz Lickint *Tabak und Organismus*, ein zwölfhundert Seiten dickes Überblickswerk, das mehr als siebentausend Studien über das Rauchen zusammenfasste.[35] Meta-Analysen wie diese führten zu einem Konsens unter den Experten. Anfang der 1940er Jahre waren sich die meisten deutschen Ärzte und Regierungsbeamte einig: Rauchen ist schädlich. Allerdings verschwanden diese deutschen Studien nach dem Krieg aus dem wissenschaftlichen Bewusstsein. Viele der an ihnen beteiligten deutschen Wissenschaftler hatten den Krieg nicht überlebt. Entscheidender aber war, dass alle medizinischen Forschungen der Deutschen nach dem Krieg einen üblen Beigeschmack bekamen.

Deshalb wurden der Amerikaner Wynder und seine Kollegen wie Pioniere gefeiert, als sie 1953 die Ergebnisse ihres Mäuseexperiments veröffentlichten. Auch die Forschungen der Briten Richard Doll und A. Bradford Hill von 1952 wurden für revolutionär gehalten.[36] Bis heute werden diese Wissenschaftler immer wieder als Begründer der Forschungen über das Rauchen gefeiert. Ihre Studien mögen fortschrittlicher gewesen sein, aber die deutschen Forscher waren ihnen mindestens zehn Jahre voraus gewesen.

Was lernen wir daraus? Wissenschaftlicher Fortschritt verläuft nicht immer geradlinig. Manchmal befindet sich die Forschung nach einigen Jahren wieder genau dort, wo sie angefangen hat. Die Ironie: Einer der größten Massenmörder der Geschichte hätte mit seiner Anti-Rauch-Kampagne das Leben von Millionen Rauchern retten können.

Doch nicht der fragwürdige Ruf der deutschen Wissenschaft

während des Zweiten Weltkriegs allein ist schuld daran, dass der Zusammenhang zwischen Rauchen und Lungenkrebs so lange verborgen blieb.

Eine schlaue Vermarktungsstrategie

In einer Schule in Kansas City wurden alle Schüler zu einem Vortrag in die Aula gerufen. Sie sollten einem jungen Mann in gestreiftem Hemd und weißen Schuhen zuhören. Er war ein Abgesandter der Tabakindustrie und wollte den Schülern eine einfache Nachricht vermitteln: Rauchen ist nichts für Kinder! Rauchen sei Sache der Erwachsenen, genau wie Sex, Alkohol und Autofahren. Kinder wie sie sollten keinen einzigen Gedanken ans Rauchen verschwenden!

Die Initiative schien ehrlich gemeint zu sein. Allerdings: Wenn die Kinder vorher noch nicht ans Rauchen gedacht hatten, dann taten sie es jetzt. Nichts ist spannender für Halbwüchsige als etwas Verbotenes. Als etwas, was nur die Erwachsenen dürfen.

Im Saal befand sich auch ein Jugendlicher, der viele Jahre später von diesem Vortrag berichten sollte: Robert Proctor.[37] Er hatte herausgefunden, dass der junge Mann, der damals vor den Schülern gesprochen hatte, Teil einer schlauen Kampagne gewesen war, die die Absicht hatte, Kinder zum Rauchen zu verführen.

Proctor war inzwischen Historiker und sein Thema die Tabakindustrie. In Millionen geheimer Dokumente fand er Beweise für zahlreiche zweifelhafte Praktiken. Unter anderem die Strategie, bewusst Kinder anzusprechen. Kinder wurden von der Tabakindustrie als »Prä-Raucher« angesehen, das heißt, sie bildeten »das Zigarettenbusiness der Zukunft« und waren *»replacement smokers«*: Sie sollten jene Raucher ersetzen, die gezwungen waren, mit dem Rauchen aufzuhören (sprich: starben). Noch im Jahr 2000 verteilte Philip Morris in Schulen 13 Millionen Schutzumschläge für Bücher. Auf ihnen war zum Beispiel ein cooler Snowboarder abgebildet, unter dem geschrieben stand:»Denk nach, rauche nicht«. Doch hatten Zigarettenmarken nicht nur die Schulkinder im Visier, sondern auch deren Eltern. In Aufklärungsflyern wurden Väter und Mütter dazu aufgefordert, mit ihren Kindern verstärkt über die Gefahren des Rauchens zu sprechen.

Solches Marketing ist weniger auffällig als die Reklame mit Postern oder Werbefilmen. Obwohl die Tabakindustrie auch diese Mittel weiterhin voll ausschöpfte, mit eingängigen Slogans –»Ich geh' meilenweit für eine Camel Filter« – und starken Vorbildern wie dem Marlboro-Mann. Die Zigarettenkonzerne waren die ersten, die riesige Reklametafeln, Schleichwerbung in Hollywoodfilmen und Anreize zu Spontankäufen im Supermarkt einsetzten.

Doch die Spezialität der Tabakkonzerne waren unauffällige, raffinierte Vermarktungsstrategien. Proctor entdeckte in den geheimen Memos und anderen Dokumenten auch, dass die Zigaretten laufend modifiziert wurden, damit sie immer abhängiger machten. Ihnen wurde beispielsweise Lakritze beigemischt, um sie süßer zu machen, oder Ammoniak, der das Suchtpotential des Nikotins erhöhte.[38] Er fand auch heraus, dass die Konzerne stets versuchten, die Gruppe der Raucher zu erweitern, so hatten sie sich vor den Kindern bereits den Frauen zugewandt.

Eine Reklamestrategie war jedoch noch hinterhältiger als alle anderen, und zwar jene, die 1953 im bereits erwähnten Oak Room ausgeheckt wurde und seither Millionen von Menschen getäuscht hat. John Burgard, der Werbechef einer der großen Tabakfirmen, umschrieb diese Strategie – natürlich in einem geheimen Dokument – so:»Unser Produkt ist der Zweifel.«

121

Das Ziel der Tabakmagnaten war es nicht, mithilfe wissenschaftlicher Forschung zu beweisen, dass Rauchen gesund sei. Ihnen reichte es, Zweifel über die angeblich schädlichen Folgen des Tabakkonsums zu säen. Seit dem Treffen im Oak Room konzentrierte sich das Tobacco Industry Resarch Committee, das sich später in Council for Tobacco Resarch umbenannte, darauf, Verwirrung über die Folgen des Rauchens zu stiften. Erst nachdem sich die Tabakindustrie und die Staatsanwälte von 47 amerikanischen Staaten 1998 gerichtlich auf einen Vergleich geeinigt hatten, wurde der Club abgeschafft. Bis zu diesem Zeitpunkt hatte die Tabakindustrie Hunderte Millionen Dollar für medizinische Forschung ausgegeben.

Zwar unterstützte das Gremium mit seinen Stipendien wissenschaftliche Forschungen zum Thema »Tabak und Gesundheit«, aber das war nicht das vorrangige Ziel. »Im Grunde ging es darum, so zu suchen, dass man nichts findet«, schreibt der Historiker Proctor. Damit man behaupten konnte, »man habe viele Millionen Dollar für das Thema ›Rauchen und Gesundheit‹ ausgegeben, ohne Beweise für die schädlichen Folgen des Tabakkonsums zu finden«. Dokumentiert waren auch Hunderte von Presseberichten mit der immer gleichen Forderung nach der Ausweitung der Forschung. Oder, wie einer der Zigarettenkonzerne formulierte: »Wir brauchen Forschung und nichts als Forschung.«

Auf diese Weise suggerierte die Tabakindustrie, dass es ihr mit der wissenschaftlichen Forschung ernst sei. Zudem war es imagefördernd, Stipendien an Wissenschaftler angesehener Universitäten wie Stanford und Harvard zu vergeben. Abgesehen davon baute man sich dadurch einen Expertenstab aus Wissenschaftlern auf, die »industriefreundliche« Artikel verfassen oder, falls nötig, vor Gerichten als wissenschaftliche Experten auftreten konnten.

Und damit kommen wir wieder zu Darrell Huff. Obwohl er kein Wissenschaftler war, fügte er sich mit seinem Buch *Wie lügt man mit Statistik* perfekt in diesen Expertenstab ein. Wer hätte auch besser und süffiger über Zahlen schreiben können als der Herr Wie-lüge-ich-mit-Statistiken selbst. Am 22. März 1965 erschien er vor dem amerikanischen Kongress. Dort sollte er bei einer Anhörung über Zigarettenwerbung und Zigarettenverpackungen eine Erklärung abgeben. Bei dieser Gelegenheit betonte er, dass man die Korrelation zwischen Tabakkonsum und schlechter Gesundheit keinesfalls mit Kausalität verwechseln dürfe.

Intermezzo: Wenn man das ganze Leben alt bleibt

Florence Nightingale gelang es, die Regierung mithilfe von Grafiken zu überzeugen (Kapitel 1). Doch Grafiken verdeutlichen nicht nur, sie verschleiern auch. 1979 veröffentlichte das von der Zigarettenindustrie finanzierte Tobacco Institute eine Grafik, die zeigen sollte, wie sich die unterschiedlichen Krebsarten entwickeln. Wissenschaftliche Forschungen hatten zuvor die Annahme bestärkt, dass im Laufe der Jahre mit den Rauchern auch die Zahl der Krebspatienten zugenommen habe.

Die Grafik sollte beweisen, dass solch ein Zusammenhang nicht zwangsläufig bestehe. Zu sehen sind die Zahlen von Patienten mit Mund- und Kehlkopf-, Blasen- und Speiseröhrenkrebs. Doch die Grafik war so unübersichtlich gestaltet, dass sich eine Zunahme der Krebspatienten nicht problemlos daraus ableiten ließ. Was aber fehlte in dieser Grafik? Ja genau, die wichtigste Folge des Rauchens: Lungenkrebs.

Nicht nur die Tabakindustrie versuchte, mithilfe von Grafiken Verwirrung zu stiften. Am 14. Dezember 2015 twitterte die *National Review*, eine konservative amerikanische Zeitschrift: »Die einzige #Klimawandel-Grafik, die man kennen muss.«[39] Das Diagramm zeigte die Durchschnittstemperatur auf der

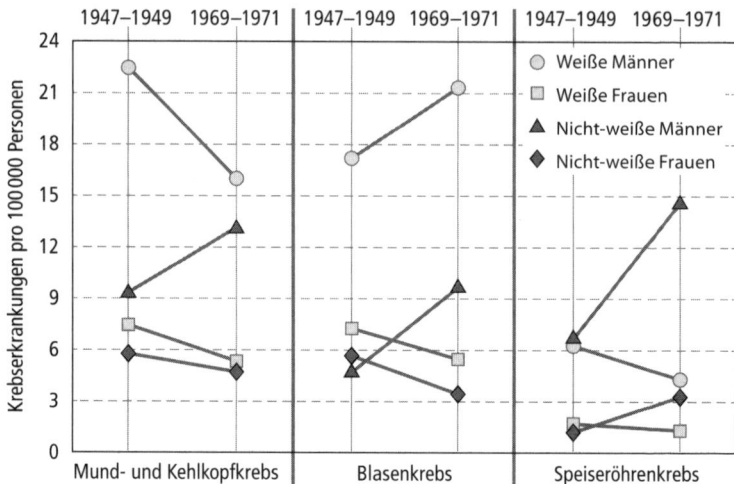

Krebserkrankungen von 1947 bis 1949 und von 1969 bis 1971

| 1947–1949 1969–1971 | 1947–1949 1969–1971 | 1947–1949 1969–1971 |

○ Weiße Männer
□ Weiße Frauen
▲ Nicht-weiße Männer
◆ Nicht-weiße Frauen

Krebserkrankungen pro 100 000 Personen

Mund- und Kehlkopfkrebs | Blasenkrebs | Speiseröhrenkrebs

Diese Grafik beruht auf einer Tabelle, die 1979 vom Tobacco Institute veröffentlicht wurde.
Quelle: Proctor (2011), Abb. 29

Erde seit 1880. Kein Zweifel: Die Durchschnittstemperatur hatte sich in den letzten 135 Jahren kaum verändert. Die Temperaturlinie war so flach wie das EKG eines toten Patienten.

Das Ergebnis irritierte mich, wusste ich doch, dass es unzählige Messungen gab, die zeigten, dass die Temperaturen gestiegen waren.[40] Ich war mir sicher, dass die *National Review* die Zahlen erfunden hatte. Doch die Daten stimmten, denn sie stammten aus einer zuverlässigen Quelle: von der NASA, der amerikanischen Raumfahrtbehörde.[41]

Also noch einmal genau hingeschaut: Der Titel ist deutlich, die Achsen für die Temperatur und die Jahreszahl sind bezeichnet – die Grafik entspricht allen Anforderungen, die eine ordentliche Grafik haben muss. Der auf der horizontalen Achse angegebene Zeitraum von 1880 bis nach 2010 gibt die Langzeitveränderung ausgezeichnet wieder. Und auch mit der Skala auf der vertikalen Achse scheint alles in Ordnung zu sein: -10 bis 110 Fahrenheit, umgerechnet -23 bis 43 Grad Celsius. Keine

124

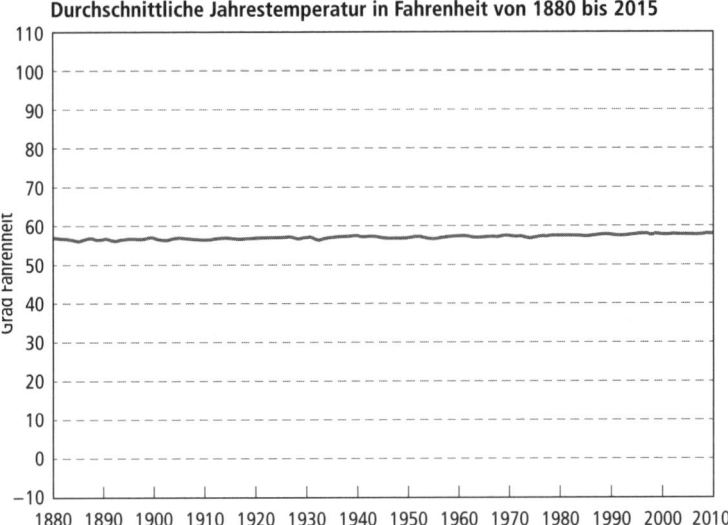

Durchschnittliche Jahrestemperatur in Fahrenheit von 1880 bis 2015

Quelle: Tweet von @NationalReview am 14. Dezember 2015

absurd hohen oder tiefen Temperaturen, es gibt Orte auf der Welt, wo es tatsächlich so kalt wird (Sibirien) oder so heiß (Las Vegas).

Trotzdem stimmt an der vertikalen Achse etwas nicht. Dargestellt werden sollen ja nicht die Temperaturen an einigen Orten der Welt zu einem bestimmten Zeitpunkt, sondern die Mitteltemperatur auf der ganzen Erde. Und da haben Schwankungen von ein paar Zehntel Grad bereits enorme Auswirkungen. Klimaexperten sind sich einig, dass eine durchschnittliche Erderwärmung von weniger als 2 Grad Celsius katastrophale Folgen haben wird.[42] Diese lässt sich an der Grafik aber gar nicht ablesen, da die Skala auf der vertikalen Achse viel zu klein ist.

Wenn ich nach dem gleichen Prinzip eine Grafik meines Alters erstelle, dann beweist diese, dass ich in den letzten 31 Jahren keinen Tag älter geworden bin.

125

Ich bin kaum älter geworden

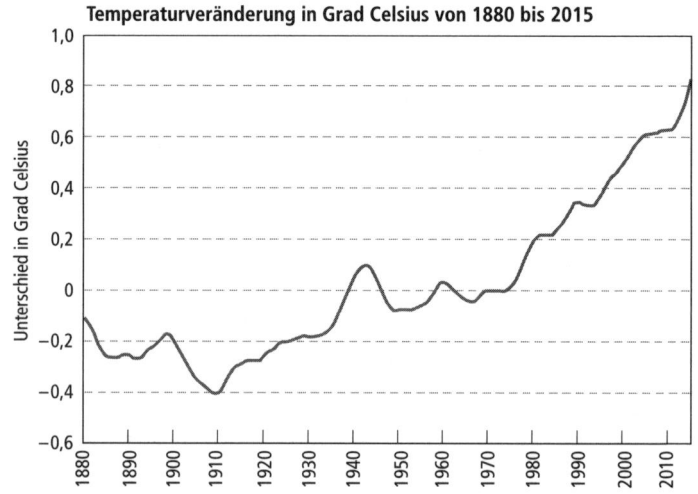

Einige kleine Änderungen an der Klimagrafik ergeben bereits ein ganz anderes Bild.

Temperaturveränderung in Grad Celsius von 1880 bis 2015

Die Grafik zeigt die Differenz zwischen der Jahresmitteltemperatur in Celsius und einer durch die Jahresabsolutwerte des Zeitraums von 1951 bis 1980 ermittelten Durchschnittstemperatur.[43] Diese Art des Messens wird auch »Anomalie« genannt und ist in den Klimawissenschaften Standard zur Darstellung von Temperaturveränderungen. Im Vergleich zur *National-Review*-Grafik haben sich zwei Dinge verändert: Die Skala auf der y-Achse und die Messeinheit. Hätte ich nur die Skala der Y-Achse angepasst, wäre die Schlussfolgerung die gleiche geblieben.

Zufall, fehlende Faktoren und umgekehrte Verhältnisse

Huffs Erklärung vor dem Kongress war genauso effekthascherisch wie sein ganzes Buch.[44] Ein wissenschaftliches Anti-Rauchen-Argument nach dem anderen nahm er unter die Lupe. Er behauptete, die Art der Datenerhebung habe sich verändert, wodurch die Lungenkrebsfälle scheinbar zugenommen hätten. Auch seien seiner Ansicht nach die Stichproben nicht repräsentativ genug und seien manchmal zu klein gewesen. Ergebnisse aus Tierversuchen dürfe man zudem nicht einfach auf den Menschen übertragen. Und vermutlich spielte er auf die Teerauf-Mäuserücken-Experimente von Wynder und Kollegen an, als er sagte:»Mäuse sind keine Menschen.«

Auf diese Weise baute er sein Plädoyer auf, um schließlich   127
beim wichtigsten Gegenargument zu landen:»Wenn wir allen Schwierigkeiten zum Trotz akzeptieren, dass es zwischen Rauchen und Gesundheitszustand einen Zusammenhang gibt, dann müssen wir uns eine letzte entscheidende Frage stellen.« Und diese Frage lautete: Bedeutet eine Korrelation zwischen Rauchen und Krebs automatisch, dass es einen kausalen Zusammenhang gibt? Nein, so Huffs entschiedene Antwort. Und dann brachte er das Beispiel mit den Störchen und den Babys.

Danach zählte er seine drei Arten von Unfugs-Kausalitäten auf. Zwar hatte er vorher in seiner Erklärung bereits zugegeben, dass die Unterschiede zwischen den Krebsfällen bei Rauchern und Nicht-Rauchern »statistisch signifikant« sein könnten, doch könne das durchaus auch auf einen Zufall zurückzuführen sein. Ebenso hielt er ein umgekehrtes Verhältnis für möglich, denn er sagte: »Wenn Absolventen der Yale-Universität reicher sind als die meisten von uns, liegt das dann daran, dass sie die Yale-Universität besucht haben? Oder liegt es daran, dass meistens junge Männer aus reichen Familien nach Yale gehen [...]?«

Huff war nicht der Erste, der die Möglichkeit eines umgekehrten Verhältnisses erwog. Ronald Fisher – der Statistiker, der den p-Wert populär machte –, hatte das ebenfalls in Betracht gezogen. »Ist es vielleicht möglich, dass der Lungenkrebs [...] eine Ursache des Zigarettenrauchens ist?«, fragt er in einem Pamphlet aus dem Jahr 1959. Es sei bekannt, dass Raucher mehrere leichte Lungenentzündungen hätten, bevor bei ihnen Lungenkrebs diagnostiziert würde. Es sei denkbar, dass sie dabei verstärkt zu Zigaretten greifen, ähnlich wie Raucher in ärgerlichen oder unangenehmen Situationen – der Zug hat Verspätung, eine Konferenz ist besonders langweilig. »Einem armen Kerl die Zigarette wegzunehmen wäre genauso [schlimm] wie einem Blinden den weißen Stock.«[45]

128 Der fanatische Pfeifenraucher Fisher hielt am Ende etwas anderes für wahrscheinlicher: der fehlende Faktor. Er glaubte, dass die Gene für fast alle Unterschiede zwischen den Menschen verantwortlich seien. Wer bestimmte Gene besitze, meinte Fischer, habe eine größere Wahrscheinlichkeit, zum Raucher zu werden.

Darrell Huff sprach bei seiner Rede im Kongress zwar nicht über Gene, aber auch er war der Ansicht, dass Raucher eine andere Konstitution besaßen als Nichtraucher. Sie hatten oft Übergewicht und tranken mehr Bier, Whisky und Kaffee.

Außerdem heirateten sie öfter, landeten häufiger im Krankenhaus und wechselten öfter die Arbeitsstelle. Man könne aus all
diesen Tatsachen nicht isoliert eine Erklärung herausgreifen
und den Rest ignorieren.

Wann weiß man genug?

Gibt es so etwas wie die Wahrheit? Was bleibt von den Zahlen, wenn man alle Hürden des Standardisierens bedenkt (vgl.
Kapitel 2), alle Fehlerquellen bei der Datenerhebung (vgl. Kapitel 3), alle Möglichkeiten der Irreführung und der Falschanaly-
sen (vgl. dieses Kapitel)? Wäre es besser, wir würden die Zahlen
Zahlen sein lassen und uns in dichte blaue Rauchwolken hül-
len wie die Reklamebonzen aus der TV-Serie *Mad Men*? Weil
wir ja ohnehin niemals dahinterkommen werden, was das Rauchen tatsächlich mit unseren Lungen anrichtet?

Huff und Fisher machten sich bei ihrer Argumentation die
drei Arten von Unfugs-Kausalität zunutze. Auch wenn es einen
Zusammenhang gab, brauchte dieser nicht ursächlich zu sein.
Wenn sich die physische Kondition von Frauen mit einer
Brustamputation vom körperlichen Zustand der Frauen unterscheidet, die sich nicht einer solchen Operation unterzogen
haben, warum könnte diese Überlegung nicht auch für Raucher und Nichtraucher gelten? Woher wissen wir, dass die veröffentlichten Studien über einen Zusammenhang von Rauchen
und Lungenkrebs nicht auch dem Publikationsbias unterliegen
und die Null-Ergebnisse bis heute in irgendwelchen Schubladen schlummern? Und warum sollte nicht auch hier Fishers
umgekehrtes Verhältnis, das heißt, die verkehrte Kausalität
greifen, die das Übergewichtsparadox erklärt?

Der raffinierte Trick der Tabakindustrie bestand darin, auf
Argumente zurückzugreifen, die sich in anderen Zusammen-

129

hängen als valide erwiesen hatten. Natürlich könnten die Ergebnisse einer Studie immer auf Zufall beruhen, aber selbst wenn nicht, könnten unbekannte Faktoren eine entscheidende Rolle spielen. Es gebe, so Fisher in seinem Pamphlet, nur eine einzige Möglichkeit, um alle alternativen Erklärungen auszuschließen: ein Experiment mit Menschen. Doch er wusste genau, dass sowohl die Ärzte als auch die Öffentlichkeit es für unethisch halten würden, Menschen rauchen zu lassen, wenn die geringste Möglichkeit bestand, dass es ihnen schadete. Also experimentierte man weiterhin nicht am Menschen, sondern an Tieren. Was dann meist sofort mit Huffs Argument kommentiert wurde: »Menschen sind keine Mäuse.«

Auf diese Weise spannen Huff und Fisher ein Netz, aus dem es kein Entrinnen gab. Mit ihrer Argumentation war kein plausibler Nachweis möglich, dass ein Zusammenhang zwischen Tabakkonsum und Krebserkrankungen existierte. Und damit war die Diskussion genau da angelangt, wo die Tabakindustrie sie haben wollte: In der Sackgasse, in der immer wieder das Gleiche wiederholt wurde, nämlich, dass noch mehr Forschungen nötig seien. So wurde ein endgültiges Ergebnis in dieser Sache bis zum Sankt-Nimmerleinstag aufgeschoben.

Das ist die große Herausforderung der Wissenschaft: Es ist einfach, einen ursächlichen Zusammenhang für Unfug zu erklären, schwieriger ist es, einen solchen nachzuweisen. Doch woher wissen wir heute, dass Rauchen Lungenkrebs verursacht? Huffs und Fishers Argumente ziehen nur bei Einzelstudien. Eine Einzelstudie, egal wie handwerklich korrekt sie ausgeführt sein mag, reicht niemals aus, um eine Sache zu beweisen. Sie untersucht eine bestimmte Gruppe in einem bestimmten Land zu einem bestimmten Zeitpunkt. Dagegen lässt sich immer das Argument vorbringen, das Ergebnis beruhe auf einem Zufall. Deshalb ist es auch problematisch, wenn Nachrichten behaupten, etwas sei durch eine einzige Studie

»wissenschaftlich erwiesen«. Genauso unvernünftig wäre es, sich bei Wahlen auf eine einzige Prognose zu verlassen.

Einzelstudien haben nicht viel mit wahrer Wissenschaft zu tun. Erst eine *Sammlung* mehrerer Studien hält wissenschaftlichen Ansprüchen stand. Als Huff 1965 vor dem Kongress auftrat, hatte die Sammlung von Einzelstudien zur Schädlichkeit des Rauchens bereits einen enormen Umfang angenommen. Die große Übersichtsstudie *Tabak und Organismus* von 1939 mochte man inzwischen vergessen haben, doch die Beweislast gegen die Zigaretten war auch ohne diese Publikation erdrückend.

Auf unterschiedlichste Weise war gezeigt worden, dass Rauchen schädlich war: Epidemiologische Studien wiesen darauf hin, dass Raucher öfter an Lungenkrebs erkrankten; Tieren, denen Teer auf die Haut appliziert worden war, wuchsen Tumore; Pathologen fanden auf Zellniveau schädliche Folgen des Rauchens; und schließlich wurde nachgewiesen, dass Zigarettenrauch chemische Stoffe beinhaltet, die krebserregend sind. All diese Studien hatte man mehrfach durchgeführt – das Ergebnis war stets das gleiche. Forscher in Japan, den USA, Kanada und Frankreich wiederholten zum Beispiel die Studie der Briten Doll und Bradford Hill von 1952, und ihre Ergebnisse waren identisch: Lungenkrebspatienten waren überdurchschnittlich oft Raucher.[46]

Irgendwann sind die Beweise so erdrückend, dass eine einzelne Studie mit gegenteiliger Aussage dem Endergebnis nichts mehr anhaben kann. Dasselbe ist bei den Studien zum Klimawandel zu beobachten. Die Erderwärmung wird nicht durch einen einzigen milden Winter bewiesen, sondern durch eine riesige Masse von wissenschaftlichen Forschungen über Korallenriffe, Gletscher, den Anstieg von Kohlendioxid und Temperaturen und so weiter.[47] Wie beim Rauchen hatten all diese Studien ein identisches Ergebnis. Wissenschaftler der unterschiedlichsten Bereiche kamen trotz blinder Flecke und eigener Interessen zur gleichen Erkenntnis, egal, welche Messmethoden sie benutzten, welche Daten sie sammelten und analysierten. Wenn Forschungsergebnisse auf so überwältigende Weise übereinstimmen, spricht man von einem »wissenschaftlichen Konsens«.

Bei einem Konsens brauchen nicht 100 Prozent der Wissenschaftler hinter einer Erkenntnis zu stehen oder sämtliche Experimente zu einem Ergebnis kommen. Wissenschaftliche Studien werden nie vollkommene Sicherheit bieten können, denn der Zweifel gehört zum Wesen der Wissenschaft. Unser Wissen nimmt seit Jahrhunderten gerade deshalb stetig zu, weil Wissenschaftler den Mut haben, die Dogmen ihrer Zeit in Frage zu stellen. Nikolaus Kopernikus wagte zu behaupten, dass sich die Erde um die Sonne dreht, Albert Einstein traute sich, Isaak Newton anzuzweifeln, und Archie Cochrane war eigensinnig genug, seinen Kollegen zu widersprechen.

Doch die Zigarettenindustrie setzte den Zweifel – wie erwähnt, eine der Kardinaltugenden der Wissenschaft – nur aus Gewinnstreben ein. Nicht, um der Wahrheit näher zu kommen, sondern um die Öffentlichkeit so weit wie möglich von ihr fernzuhalten. Es waren Wissenschaftler, die die Zigarettenkonzerne dabei unterstützten, aber es waren auch Wissenschaftler, die Ende der 1950er Jahre einen Schlussstrich zogen: Wir wissen genug!

Die Tabakindustrie leugnete den Zusammenhang zwischen Rauchen und Lungenkrebs weiterhin. Bis 1994 zogen die Bosse der sieben großen Tabakkonzerne einen solchen Zusammenhang öffentlich in Zweifel. Noch 1998 erklärte der Direktor von Philip Morris unter Eid: »Ich glaube nicht, dass das Rauchen von Zigaretten Krebs verursacht.«

Intern war die Geschichte eine ganz andere. Bereits 1953, neun Monate, bevor die Studie mit den Mäusen veröffentlicht wurde, hatte Claude Teague – ein Mitarbeiter des Tabakkonzerns R. J. Reynolds – eine Übersicht aller bis dahin existierenden wissenschaftlichen Studien über das Rauchen erstellt.[48] Diese Übersicht gab in den Prozessen gegen die Zigarettenindustrie schließlich den Ausschlag, denn sie bewies, dass sich die Konzernchefs der schädlichen Folgen des Rauchens bereits zu einem sehr frühen Zeitpunkt bewusst gewesen waren. Von Teagues Bericht erfuhr die Öffentlichkeit aber erst in den 1990er Jahren, denn er war – wie zu erwarten – niemals publiziert worden.

Wie man mit Raucher-Statistiken lügt

Bis zum heutigen Tag finanziert die Tabakindustrie die Wissenschaft. Als 2017 die Nachricht verbreitet wurde, dass Philip Morris International die Foundation for a Smoke-Free World jährlich mit 80 Millionen Dollar unterstützte, war die Weltgesundheitsorganisation empört: Das war ein deutlicher Interessenkonflikt.[49]

Auch außerhalb der Tabakindustrie ist der Zweifel inzwischen zu einer starken Waffe gegen angeblich wissenschaftlich bewiesene Zusammenhänge geworden. Naomi Oreskes und Erik Conway zeigen in ihrem Buch *Merchants of Doubt* (die deutsche Ausgabe ist unter dem Titel *Die Machiavellis der Wissenschaft* erschienen), dass Klimaskeptiker heute die gleichen Tricks anwenden wie damals die Tabakindustrie.[50] Ähnlich agiert die internationale Milchindustrie, die den Konsens über die nachteiligen gesundheitlichen Folgen des Milchfetts zu untergraben versucht, indem sie Gelder in wissenschaftliche Forschungen steckt.[51]

Es ist nur eine Frage der Zeit, bis weitere Industrien diese Strategie einsetzen, um ihre Interessen zu schützen. Vielleicht wird nach Big Tobacco und Big Oil nun Big Tech Forschungen finanzieren, die die nachteiligen Auswirkungen des Smartphone- und Internetgebrauchs widerlegen. Auch in der Politik werden Wahrheiten in Zweifel gezogen. Hochrangige amerikanische Politiker wischen Theorien über den Klimawandel beiseite und berufen sich dabei auf die »sound science«, auf die »solide Wissenschaft«. Und? Wer hat den Begriff geprägt? Natürlich die Tabakindustrie.[52] Warum aber verhielten sich Huff und Fisher derart ignorant? Warum zweifelten sie die Ergebnisse über den Zusammenhang zwischen Tabakkonsum und Lungenkrebs immer wieder an? Vielleicht war es Huff im Lauf der Zeit so sehr zur zweiten Natur geworden, Forschungen zu kritisieren, dass er wissenschaftliche Tatsachen, deren Wahrheit unwiderlegbar war, nicht mehr anerkennen konnte. Und der Kettenraucher Fisher könnte bei seiner Kritik an den Forschungen zum Zusammenhang von Tabakkonsum und Krebs zu sehr auf sein Bauchgefühl gehört haben.

Es gibt aber noch eine wahrscheinlichere Erklärung. Fishers Kollege David Daube enthüllte, dass Fisher ihm kurz vor seinem Tod erklärt habe, warum er die Tabakindustrie verteidigt hatte: »Ich hab' es für Geld getan«.[53] Auch Huff wurde von der Tabakindustrie bezahlt. Sie hatte ihm sogar den Auftrag erteilt, ein Buch zu schreiben, das aber nie erschien. Der Titel lautete: *How to Lie with Smoking Statistics*.[54]

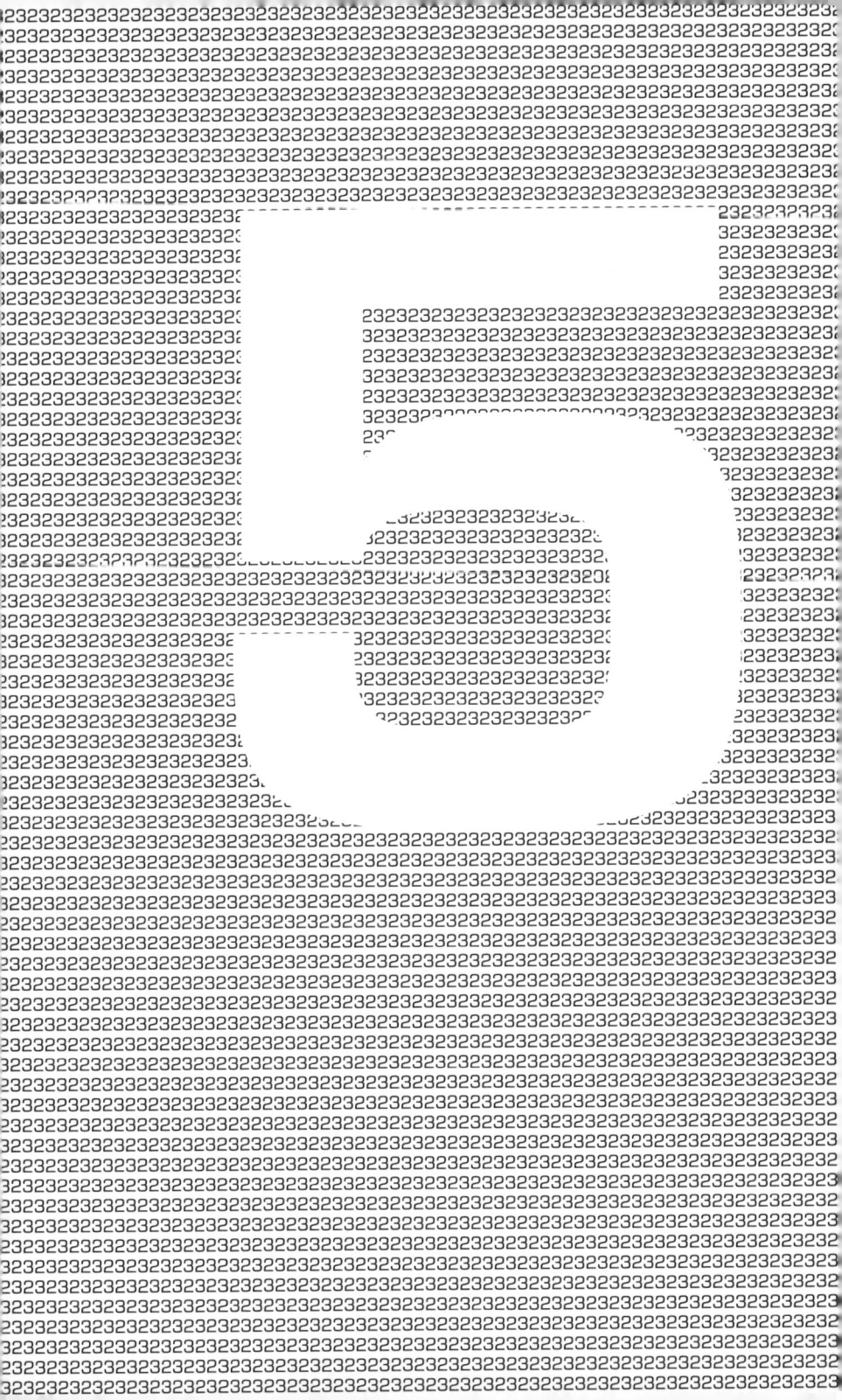

5.

—

WARUM WIR AUCH
IN ZUKUNFT ZAHLEN NICHT
BLIND VERTRAUEN SOLLTEN

Kommen wir zu Jenipher.[1] Die 65-jährige Kenianerin verdiente jahrelang ihr Geld im Geschäftsbezirk von Nairobi, wo sie Lebensmittel verkaufte. Die Geschäfte in ihrem kleinen Laden liefen gut, aber sie verfügte über keinerlei Rücklagen, weshalb sie weder in ihr Geschäft investieren konnte noch im Krankheitsfall abgesichert war.

Was war der Grund? Für Jenipher war es so gut wie unmöglich, Geld zu leihen. Die Beträge, die sie über eine Mikrofinanz-Institution bekommen könnte, wären zu klein, die Zinsen bei Wucherern zu hoch. Und da sie keinerlei Sicherheiten bieten konnte, würde sie für einen Kredit bei einer Bank erst gar nicht in Betracht gezogen werden. Zudem fehlte ihr etwas, was in anderen Ländern stinknormal ist: ein Kreditscore.[2]

Ein Kreditscore ist in der westlichen Welt schon jahrzehntelang Allgemeingut. 1956 gründeten der Ingenieur Bill Fair und der Mathematiker Earl Isaac die Firma Fair, Isaac and Company (FICO) mit einer simplen Idee: Wenn man ausreichend

Daten über einen Menschen gesammelt hat, lässt es sich besser einschätzen, ob er oder sie ihre Darlehen zurückbezahlen können.

Bis zu diesem Zeitpunkt gewährten Bankangestellte Darlehen auf der Basis der Selbstauskunft der Anfragenden, ihrer Wirkung im Gespräch und des persönlichen Eindrucks, den sie hinterließen. Dieses Ergebnis fiel nicht für alle positiv aus.

Fair und Isaac erfanden eine Formel, die sich nicht am persönlichen Hintergrund des potentiellen Kreditnehmers orientierte, sondern am finanziellen. Wie hoch ist der Verdienst der betreffenden Person? Bezahlt sie ihre Rechnungen pünktlich? Wie viel Geld hat sie bereits aufgenommen? Aufgrund dieser Fakten berechneten Fair und Isaac einen Score, der angab, wie groß die Chance war, dass ein Kredit zurückgezahlt werden könnte.

Dieser sogenannte FICO-Score schien für beide Parteien die Lösung zu sein: Millionen Menschen erhielten Darlehen, und die Kreditgeber verdienten mehr Geld, weil der Score viel besser als sie selbst einschätzen konnte, wer ein säumiger Zahler sein könnte. Eine Formel, die – so schien es – zu besseren Entscheidungen führte als ein menschliches Urteil.

In den Niederlanden gibt es seit 1965 die Stiftung Bureau Krediet Registratie (BKR). Möchte jemand bei einer Bank einen Kredit abschließen, ist die Bank gesetzlich verpflichtet, bei der BKR Informationen über diese Person einzuholen. Die Stiftung berechnet dann den persönlichen Score des Antragstellers.[3]

Obwohl Kreditscores heute in vielen Ländern eingesetzt werden, blieb Millionen Menschen wie Jenipher diese Dienstleistung lange versagt. Erst seit einigen Jahren gibt es die Möglichkeit, Menschen wie Jenipher einen Kreditscore zu geben, erzählt Shivani Siroya 2016 in einem TED-Talk. Siroya ist CEO von Tala, einem Start-up-Unternehmen, das Big Data einsetzt, um Darlehen zu bewilligen. Jenipher hatte zwar bis vor ein paar Jahren keinen Kreditscore, aber sie besaß ein Mobiltelefon, das allerlei Daten über sie sammelte – wem sie eine SMS schickte, wie lange sie telefonierte, wo sie sich aufhielt.

Eines Tages überzeugte Jeniphers Sohn seine Mutter, die Tala-App zu installieren. Sie bat um ein Darlehen und erhielt es – auf Grundlage ihrer verfügbaren Daten – binnen kürzester Zeit. Zwei Jahre später hatte sich ihr Leben vollkommen verändert: Sie führt nun drei Läden und macht Pläne für die Eröffnung eines Restaurants. Mittlerweile würde ihr auch jede Bank einen Kredit gewähren, denn sie hat zur Genüge bewiesen, dass sie mit Geld umgehen kann.

Zurzeit eine der gefährlichsten Ideen

Jeniphers Geschichte ist herzerwärmend. Und auch wenn es sich um ein Vorzeigeprojekt von Tala handelt, ist ihre Geschichte zugleich ein Beispiel für eine Entwicklung, die wir gerade miterleben: die Big-Data-Revolution. Was macht eigentlich Daten »Big«? Big Data wird oft mit vier Vs umschrieben: *Volume, Velocity, Variety* und *Veracity*. Mit anderen Worten, die Größe der Datenmenge (Volume), ihre zeitgerechte Verarbeitung (Velocity), die Vielfalt der Datenformate und Datenquellen (Variety) sowie ihre Qualität (Veracity).

Der größte Unterschied zwischen dem heutigen Datenhunger und der Zahlenwut zu Florence Nightingales Zeiten, der »ersten Big-Data-Welle«, besteht darin, dass es heute das Internet gibt. Noch immer wird standardisiert, gesammelt und analysiert, aber mit dem Internet geschieht dies quasi wie auf Speed: Es wird heute mehr *standardisiert* als je zuvor – von Schritten bis zu Klicks, von Gesichtserkennung bis zur Lärmbelästigung.[4] Auch wird erheblich mehr *gesammelt* – pro Minute

139

führt Google 3,6 Millionen Suchanfragen aus, spielt YouTube über vier Millionen Videos ab und posten Instagram-Nutzer knapp 50 000 Fotos.[5] Und diese Riesenmengen an Daten werden mit immer klügeren Methoden, mit Algorithmen (dazu gleich mehr) *analysiert.*

Mit der massenhaften Sammlung von Daten wächst auch die Erwartungshaltung. Was lässt sich mit ihnen alles anstellen? Tala will mithilfe von Big Data möglichst vielen Menschen zu einem Darlehen verhelfen, denen das bis dahin unmöglich war. Die amerikanische Hilfsorganisation Crisis Text Line durchforstet die Daten von SMS-Nachrichten, um herauszufinden, wer gerade im Begriff sein könnte, einen Selbstmordversuch zu begehen.[6] Auch in den Niederlanden greift man vielfach auf Big Data zurück, zum Beispiel um Fälle von Kindesmissbrauch aufzudecken.[7]

Die Erwartungen sind riesig. Entscheidungsträger, Geschäftsleute und Intellektuelle sind der Ansicht, Big Data könnte das Klimaproblem lösen[8], das Gesundheitswesen reformieren[9] und den Hunger in der Welt besiegen.[10]

Womöglich lässt sich mit Big Data auch die Demokratie retten. Was habe man von Wahlen, wenn viele Menschen nicht wählen gehen, fragte die Universitätspräsidentin Louise Fresco 2016 in einem Kommentar für das *NRC-Handelsblad.* »Was würde geschehen, wenn wir demokratische Wahlen durch ein System ersetzen, das sich an künstlicher Intelligenz orientiert?«[11] Kluge Rechenmethoden könnten Wahlen bald überflüssig machen, denn die Präferenzen der Leute sind in den Datenspuren, die wir überall hinterlassen, ja längst gespeichert – wohin man verreist, mit wem man sich unterhält, was man liest. Aus all diesen Informationen über unsere Verhaltensmuster lässt sich, vielleicht mit Unterstützung zusätzlicher Meinungsumfragen, herausfiltern, was einer Person wirklich wichtig ist und welche politischen Ansichten sie hat.

Frescos Gedankenexperiment mag etwas absurd erscheinen, doch sicher ist: Big-Data-Algorithmen bekommen immer mehr Macht. Versicherungsgesellschaften setzen Algorithmen ein, um die Beitragssätze zu berechnen,[12] Finanzämter nutzen sie, um Steuerbetrüger zu entlarven[13], und amerikanische Richter beurteilen mit ihrer Hilfe, ob ein Häftling Straferlass bekommen kann.[14] In einigen Bereichen scheinen Menschen überhaupt keine Arbeit mehr zu erledigen: So wird der Arbeitsplan beim Lieferdienst Foodora etwa von einem Algorithmus erstellt,[15] und Menschen mit Zahlungsproblemen mussten sich in den Niederlanden eine Zeitlang mit einem »Roboterrichter« auseinandersetzen.[16]

Das Schicksal der Welt liegt mehr und mehr in den Händen von Big Data. Doch die Annahme, Zahlen könnten uns die Entscheidungen über unser Leben abnehmen, ist gefährlich. Hinter dieser Ansicht verbirgt sich nämlich ein ernstes Missverständnis: dass Big Data die Wirklichkeit abbildet und dass die bisher beschriebenen Probleme im Umgang mit Zahlen in dieser Datenwelt nicht mehr vorkommen.

Höchste Zeit also, Big Data genauer unter die Lupe zu nehmen. Wie wird im 21. Jahrhundert standardisiert, gesammelt und analysiert? Und weshalb sollte man, auch in Zeiten dieser rasend schnellen Technologie, wichtige Entscheidungen nicht einfach Zahlen und Rechenmethoden überlassen?

141

Was ist ein Algorithmus?

Wie setzt man Massendaten heute ein? Ähnlich, wie man früher auf Mittelwerte und Grafiken verfiel, um die für jene Zeit immensen Datenmengen zu durchforsten, denken sich heute schlaue Menschen stets neue Methoden aus, um Abermillionen Bytes an Informationen unter Kontrolle zu bringen. Diese

neuen Techniken – Algorithmen – entscheiden, welche Such-
resultate man bei Google erhält, welche Posts man auf Facebook zu sehen bekommt, wer auf der Dating-App auftaucht
oder wer ein Darlehen von Unternehmen wie Tala erhält. (Das
Wort Algorithmus leitet sich vom Namen des aus dem heutigen
Iran stammenden choresmischen Mathematikers Muhammad
ibn Musa al-Chwarizmi ab, der im 9. Jahrhundert ein Buch
über Rechenverfahren verfasst hat.)[17]

Eigentlich ist ein Algorithmus nichts weiter als eine Schritt-
folge, die man durchführt, um ein bestimmtes Ziel zu erreichen. Auf dem Bildschirm sieht das ziemlich trocken aus: Zeile
um Zeile schreibt ein Softwareentwickler in Computerspra-
che, welche Schritte unter welchen Umständen gemacht werden müssen. So eine Zeile kann beispielsweise ein Wenn-dann-
Kommando sein:»Wenn jemand sein Darlehen zurückbezahlt
hat, dann steigt sein Kreditscore um zehn Punkte.«

Wie arbeitet ein Algorithmus? Die amerikanische Mathe-
matikerin und Autorin Cathy O'Neil erklärt dies in ihrem Buch
Angriff der Algorithmen anhand eines praktischen Beispiels: das
Kochen für ihre Familie.[18] Sie ist zufrieden, wenn ihr Mann
und ihre Kinder (a) genügend essen, (b) ihnen das Essen
schmeckt und (c) sie damit ausreichend Nährstoffe aufnehmen.
Jeden Abend wertete sie das Essen anhand dieser drei Faktoren
aus, notierte, wie das Essen verlief und was sie besser hätte
machen können. Ihre Beobachtung, dass die Kinder keinen
Spinat mögen, Brokkoli dagegen geradezu verschlingen, hilft
ihr zum Beispiel, ihnen trotzdem gesunde Kost vorzusetzen.
Um ihr Ziel zu erreichen, muss sie ein paar Einschränkungen
beachten. Ihr Mann darf kein Salz essen und einer der Söhne
mag keine Hamburger (ist aber verrückt nach Hühnchen).
Auch steht ihr weder ein riesiges Budget zur Verfügung noch
hat sie viel Zeit und Lust zum Kochen.

Nach jahrelanger Übung hat O'Neil das Kochen im Griff

und teils unbewusst einen stets erfolgreicheren Stufenplan entwickelt, mit dem sie ihrer Familie die beste Mahlzeit vorsetzen konnte. Was aber, wenn nun ein Computer diese Aufgabe übernehmen würde? Wie könnte eine Maschine an ihrer Statt über das Menü entscheiden? Zunächst wäre es notwendig, ihre Ziele zu *standardisieren*. Um zu garantieren, dass die Familie genügend schmackhafte und gesunde Kost erhält, könnte sie beispielsweise auf (a) den Kaloriengehalt, (b) den Zufriedenheitsscore und (c) den Prozentsatz der empfohlenen Menge der verschiedenen Nährstoffe achten. Auch müssten Einschränkungen berücksichtigt werden können, etwa eine Obergrenze für das zur Verfügung stehende Budget.

Nachdem sie also den Vorgang standardisiert hätte, könnte sie dazu übergehen, Daten zu *sammeln*. Möglich wäre die Erstellung einer Liste mit Rezepten, inklusive Zubereitungszeit, Kosten und Nährwerttabelle. Pro Mahlzeit könnte sie das Essen bezüglich der Menge und Gesundheit beurteilen und die Familienmitglieder bitten, die Mahlzeit mit einer Ziffer zwischen eins und zehn zu bewerten.

Auf Basis dieser Daten müsste O'Neil ein Programm schreiben, das genau ausrechnet, was ihre Familie das ganze Jahr über täglich zu sich nehmen müsste. Doch möglich wäre auch ein selbstlernendes Programm. Solange alles in Zahlen erfasst wird, kann der Computer selbst *analysieren*, welcher Zusammenhang zwischen den Gerichten und der Zielvorgabe besteht. Auf dieser Basis könnte der Algorithmus dann selbst neue Gerichte vorschlagen. Und vielleicht würde der Algorithmus dann sogar auf Muster stoßen, die ihr selbst nie aufgefallen wären, zum Beispiel, dass die Kinder Rosenkohl eher tolerieren, wenn sie am Tag zuvor Pfannkuchen bekommen haben. In diesem Fall nutzt der Computer das sogenannte *machine learning*, eine Art von Künstlicher Intelligenz, um etwas zu lernen, wofür er nicht Schritt für Schritt programmiert wurde.[19] Das

Spannende daran ist: Durch die selbstlernende Fähigkeit werden Algorithmen manchmal so kompliziert, dass niemand, nicht einmal die Programmierer selbst, vorhersagen können, welche Schritte die Software unternehmen wird.

O'Neil standardisierte also das Abendessen, sammelte Daten und ließ die Software die Informationen analysieren. Kommt Ihnen das Prozedere bekannt vor? Richtig, genau dieselben Schritte unternahmen Florence Nightingale, Archie Cochrane und andere Wissenschaftler. Und auch bei Algorithmen kann in jeder dieser drei Phasen viel schiefgehen. Die Geschichte der Kreditscores zeigt, warum das so ist.

1. Wieder wurden abstrakte Konzepte in Zahlen gefasst

Im Finanzsektor gibt es zahlreiche Firmen wie Tala, die Massendaten einsetzen, um die Kreditwürdigkeit von bestimmten Personen zu beurteilen. Zum Beispiel die Firma ZestFinance, die seit 2009 für über dreihundert Millionen Menschen Scores ausgerechnet hat. Ihr Gründer, der ehemalige Google-CEO Douglas Merrill, behauptet, dass das traditionelle Kreditscore-System nur eingeschränkt funktioniere, da es auf »little data« basiere.[20] Konventionelle Kreditscores, wie sie einst von Fair und Isaac entwickelt wurden, nutzen »weniger als fünfzig Datenpunkte«, das ist »ein Bruchteil der öffentlichen Daten, die von jeder Person verfügbar sind«. ZestFinance nutzt hingegen über dreitausend Variablen, um jemanden zu beurteilen.[21]

Auch in den Niederlanden verwenden zahlreiche Firmen Big Data, um die Zahlungsmoral der Kunden zu messen. So bewertet der niederländische Datenhändler Focum jeden mit einer Ziffer von eins bis elf.[22] Haben Sie eine Rechnung noch nicht bezahlt? Okay, zehn Minuspunkte, egal, ob es sich um 20 oder 20000 Euro handelt. Solche Kreditbeurteiler verkaufen die Scores an sämtliche Interessenten – von Versicherungen bis Wohnungsbaugesellschaften, von Vattenfall bis Vodafone. Focum behauptet, die Daten von 10,5 Millionen Niederländern gesammelt zu haben. Durch den Verkauf der Daten wird so manchem Niederländer aufgrund des daraus resultierenden schlechten Kreditscores ein Handyvertrag verweigert oder er muss beim Abschluss mit einem neuen Energieversorger plötzlich eine hohe Kaution hinterlegen.

Nun kann man die Frage stellen, was daran schlimm sein soll. Kreditscores bergen auch Möglichkeiten, wie die Geschichte der Kenianerin Jenipher zeigt. Scores eröffnen Menschen Chancen, die sie vorher nicht hatten. Aber sie können mehr Schaden anrichten, als man sich vorstellen mag.

Schon in Kapitel 2 hat sich gezeigt, dass der IQ-Score ein *proxy*, ein Stellvertreterwert von etwas nicht Greifbarem wie der Intelligenz ist. Dasselbe gilt für Kreditscores. Diese Scores versuchen wiederzugeben, wie groß die Chance ist, dass man ein Darlehen in Zukunft zurückbezahlen kann. Ein Kreditscore ist also eine Vorhersage.

Viele Big-Data-Modelle versuchen, die Zukunft vorauszusagen. So wird im amerikanischen Rechtssystem berechnet, wie hoch die Wahrscheinlichkeit ist, dass ein Verurteilter erneut straffällig wird. Diese Berechnungen haben große Folgen: Sie spielen mit der Entscheidung, ob jemand frühzeitig aus dem Gefängnis entlassen wird.[23] Wenn aber etwas abstrakt und schwer zu messen ist, dann das, was in der Zukunft geschehen wird. Die statistischen Modelle, die hinter solchen Vorhersagen stecken, sind nie perfekt, immer wimmelt es vor Unsicherheitsfaktoren. (Bald mehr zu der Methode, die sich hinter solchen Prognosen verbirgt.)

Wer vergisst, dass Prognosen wie ein Kreditscore nichts weiter als *proxys* für das tatsächliche Verhalten einer Person sind, der beurteilt Menschen aufgrund mangelhafter Zahlen.

Bei Kreditscores kommt hinzu, dass sie oft genutzt werden,

145

um noch etwas anderes auszudrücken als das zukünftige Verhalten, etwas, das mindestens genauso abstrakt ist: Zuverlässigkeit. Die Scores werden nämlich längst nicht mehr nur für die Erteilung von Darlehen eingesetzt. Auf der amerikanischen Dating-Seite CreditScoreDating.com – »wo guter Kredit sexy ist« – kann man jemanden suchen, der scoretechnisch zu einem passt.

Doch die Nutzung der Kreditinformation geht noch weiter. Als 2012 Mitarbeiter von Personalabteilungen befragt wurden, zeigte sich, dass etwa 47 Prozent der Arbeitgeber die Kreditgeschichte von Stellenbewerbern überprüfen.[24] Eine andere Studie, die sich mit amerikanischen Haushalten befasste, die Kreditkartenschulden hatten, stellte fest, dass jeder Siebte der Befragten schon einmal eine Absage für eine Stelle bekommen hatte – aufgrund seiner schlechten Kreditgeschichte.[25]

Diese Studienergebnisse beziehen sich auf systematische Stichproben und sind deshalb für die Gesamtbevölkerung Amerikas nicht repräsentativ. Aber dass Arbeitgeber den finanziellen Hintergrund ihrer Bewerber überprüfen, steht fest. Ein Blick auf die amerikanischen Stellenausschreibungen zeigt, dass Arbeitgeber inzwischen für alle möglichen Jobs Kreditwürdigkeitschecks einfordern: von Versicherungsvertretern bis hin zu Verkäufern von Feuerwerkskörpern.[26]

146 Den Arbeitgeber wird zwar nicht der Kreditscore an sich übermittelt, aber sie erhalten einen Kreditbericht mit einer Übersicht über das Darlehensverhalten eines Bewerbers. Mit diesen Informationen hoffen die Arbeitgeber, den Charakter eines potentiellen Arbeitnehmers einschätzen zu können, zum Beispiel ob er zukünftig einen Betrug begehen könnte.[27]

Allerdings gibt es keinen wissenschaftlichen Beweis für einen Zusammenhang zwischen der Kreditgeschichte einer Person und ihrer Leistung am Arbeitsplatz. Der Wissenschaftler Jeremy Bernerth verglich 2012 individuelle FICO-Scores mit Persönlichkeitstests.[28] Menschen mit einem höheren Kreditscore punkteten bei Gewissenhaftigkeit zwar besser, waren aber schlechter im Kundendienst. Bei anderen Persönlichkeitsmerkmalen ließ sich gar kein Unterschied feststellen.

Wichtiger noch, es gab auch keine Hinweise auf einen Zusammenhang zwischen Kreditscores und betrügerischen Machenschaften, weshalb es ungerechtfertigt ist, Kreditscores einzusetzen, um die Zuverlässigkeit am Arbeitsplatz zu prüfen. Nicht umsonst ist es Arbeitgebern mittlerweile in elf amerikanischen Staaten verboten, sich nach den Kreditscores von Bewerbern zu erkundigen.[29] In den Niederlanden dürfen nur Kreditgeber, die mit dem Bureau Krediet Registratie (BKR) zusammenarbeiten, die Zahlungshistorie einsehen.[30]

Doch auch wenn die Kreditinformationen einzig dazu verwendet werden, um die Bonität zu überprüfen, sollte man auf der Hut sein. Denn bei der Datenerhebung, auch bei Big Data, kann so einiges schiefgehen.

2. Die Herkunft von Big Data kann mysteriös sein

Big Data kann dabei helfen, fundamentale Probleme bei einer Datenerhebung zu lösen. So ist der Umfang einer Stichprobe bei Big Data nicht mehr von Belang, der Name sagt es ja schon. In einem Land wie den Niederlanden surft mittlerweile fast jeder im Internet. Außerdem merken sich immer mehr Apparate – Thermostate, Autos, Gesundheitsarmbänder –, was man so alles tut. Und Städte wie Eindhoven und Utrecht nennt man heute Smart Cities, weil sie mit neuer Technologie – von Wifi-Trackern in Laternenpfählen bis zu Sensoren in Glasfaserkabeln – jede Menge Daten über ihre Bürger sammeln.[31]

Da man vermehrt Technologie verwendet, braucht man heutzutage auch keine Interviews mehr zu führen wie noch zu Zeiten des Sexprofessors Alfred Kinsey. Man kann nun nämlich direkt beobachten, was die Menschen so treiben. Wie es der

Datenwissenschaftler Seth Stephens-Davidowitz formuliert: »Google ist ein digitales Wahrheitsserum.«[32]

So googeln verheiratete Frauen acht Mal häufiger danach, ob ihr Mann homosexuell sein könnte, als dass sie sich sorgen, ob er vielleicht Alkoholiker ist. In Indien vervollständigen Frauen den Satz »Mein Mann will ...« meistens mit »... dass ich ihn stille«. Und Männer aus konservativen Staaten wie Mississippi geben in Umfragen in weitaus geringerem Maße an, homosexuell zu sein. Trotzdem wird in diesen Staaten genauso oft nach homosexuellen Pornoseiten gesucht wie in einem progressiven Staat wie New York.[33] Alfred Kinsey hätte sich die Finger nach diesen Daten geleckt.

Auch Firmen, die Kreditscores erstellen, wissen, dass die persönlichen Informationen in Zeiten von Big Data meist einfach eingesammelt werden müssen. Man braucht keine Informationen mehr auf offiziellen Wegen anzufragen, sondern nur noch das Internet zu durchforsten. Douglas Merrill, CEO von ZestFinance, formuliert es so: »Alle Daten [sind] Kreditdaten.«[34] Diese Daten können öffentlich sein, wie die Einträge bei der Handelskammer, oder zugänglich, weil man – oft unwissentlich – irgendwann einmal die Erlaubnis dazu erteilt hat.

Und regelmäßig tauchen Daten aus noch dubioseren Quellen auf. Im Oktober 2017 erschien in *De Groene Amsterdammer* und *Investico* ein große Recherche von Karlijn Kuijpers, Thomas Muntz und Tim Staal, die sich mit Datenhandel in den Niederlanden befasste.[35] Die drei Journalisten fanden heraus, dass Inkassobüros manchen Firmen Informationen zukommen lassen, wodurch Schuldner ohne ihr Wissen in deren Datenbanken landeten und ihre Zahlungshistorie sie noch verfolgte, selbst wenn sie ihre Schulden längst beglichen hatten. Diese Praxis ist übrigens illegal, denn es bedarf der Zustimmung der betreffenden Person, wenn ihre Daten an Dritte weitergegeben werden sollen.

Oftmals lässt sich nicht ermitteln, ob die verwendeten Daten überhaupt stimmen, weil nicht klar ist, welchen Quellen sie entspringen. Die drei Journalisten brachten in Erfahrung, dass eine Wohnungsbaugenossenschaft in Wageningen potentiellen Mietern aufgrund eines zu niedrigen Kreditscores eine Sozialwohnung verweigern kann, ohne dass die Genossenschaft prüfen muss, wie dieser Score überhaupt zustande gekommen ist.

Um die Probe aufs Exempel zu machen, beauftragten die Journalisten zehn Personen, ihre eigenen Informationen bei einer Datenbank abzufragen. Das Resultat war dürftig, sie erhielten nahezu nichts. Doch als die Journalisten dieselbe Abfrage als zahlungswillige Kunden stellten, erhielten sie über dieselben Personen einen umfassenden Datensatz.

Dabei steht außer Frage, dass diese Daten immer wieder fehlerhaft sind. Die amerikanische Federal Trade Commission stellte 2012 bei Stichproben fest, dass vermutlich ein Viertel aller Abfragen bei den drei großen Kreditscore-Datenbanken Fehler enthielten.[36] Für eine von zwanzig Personen war die Abweichung so gravierend, dass sie für ihr Darlehen vermutlich höhere Zinsen bezahlen musste.

Ähnliche Fehler kommen auch in anderen Datenbanken vor. Zwischen 2009 und 2010 lebten in Großbritannien angeblich 17 000 schwangere Männer. Ja, Sie lesen richtig: schwangere Männer. Der Code für ihre medizinische Behandlung war verwechselt worden mit dem Code für Schwangerschaftsbehandlungen.[37]

Solche Datenfehler passieren in allen Ländern: Falsche Adressangaben im Melderegister, fehlerhafte Einkommensinformationen beim Finanz- und Arbeitsamt, eine ungerechtfertigte Registrierung als Krimineller in der Polizeidatenbank – überall wimmelt es vor Fehlern. Es wäre also töricht, Zahlen blind zu vertrauen.

Manchmal entstehen die Fehler aber nicht aus Versehen, sondern aus böser Absicht. Equifax – eine der größten Wirtschaftsauskunfteien der Vereinigten Staaten – gab 2017 bekannt, dass sie gehackt worden war. Die Daten von knapp 150 Millionen Konsumenten – fast die Hälfte der amerikanischen Bevölkerung – waren gestohlen worden.[38] Namen, Geburtsdaten, Adressen, Steuer- und Sozialversicherungsnummern standen nun auf dem Schwarzmarkt zum Verkauf. Und diese Daten waren wertvoll, weil man damit in Amerika so gut wie jede wichtige Transaktion durchführen kann: eine Kreditkarte beantragen, die Steuererklärung ausfüllen und sogar ein Haus im Namen eines anderen kaufen.

Ein alter Spruch aus der Statistik besagt: Gibt man unzuverlässige Daten ein, kommen unzuverlässige Daten heraus. Auch wenn man einen noch so raffinierten Machine-Learning-Algorithmus schreibt – taugen die Daten nichts, die man verwendet, errechnet auch der Algorithmus nichts Sinnvolles. Was aber wäre, wenn es in Zukunft keinen Datendiebstahl mehr gäbe und wir nur noch über lupenreine Daten verfügten? Könnten wir unser Schicksal dann den Algorithmen überlassen?

3. Korrelation ist noch immer nicht dasselbe wie Kausalität

Ein traditioneller Kreditscore wie der FICO-Score basiert ausschließlich auf personengebundenen Daten. Ob man sich schon einmal Geld geliehen hat und wenn ja, in welcher Höhe, und ob man es pünktlich zurückgezahlt hat. Diese Faktoren, so der Gedanke dahinter, können vorhersagen, ob und wie man in Zukunft ein Darlehen zurückzahlen wird.

Es gibt genügend Gründe, dieses Verfahren für ungerecht zu halten. Menschen geraten oft durch hohe Kosten für eine medizinische Behandlung oder durch eine Entlassung in Schulden. Einige können solche Rückschläge mit Ersparnissen auffangen, andere nicht. Somit ist ein Kreditscore nicht nur ein

Gradmesser dafür, wie zuverlässig ein Mensch ist, sondern auch dafür, wie viel Glück er im Leben hat.[39]

Die Berechnungen von Big-Data-Kreditscores gehen noch einen Schritt weiter. Zurück zu Jenipher und ihrem Lebensmittelladen. Wie ermittelte Tala, dass die Kenianerin kreditwürdig war? Jenipher hatte der Firma über eine App Zugang zu ihrem Handy gegeben, auf dem ein wahrer Schatz an Daten auf die Analyse wartete. So wurde aus ihrem Standortverlauf deutlich, dass sie viel unterwegs war, aber in einem erkennbaren Muster: Sie war entweder zuhause oder in ihrem Laden. Ihre Telefondaten zeigten, dass sie regelmäßig mit Verwandten in Uganda telefonierte. Und mit 89 weiteren Personen.

All diese Faktoren vergrößern den Algorithmen von Tala zufolge die Chance, dass Jenipher das Darlehen zurückzahlen würde. Ihr regelmäßiger Kontakt zu Verwandten und Freunden lässt die Wahrscheinlichkeit einer Rückzahlung um 4 Prozent steigen, feste Alltagsgewohnheiten sind genauso positiv zu werten wie zahlreiche soziale Kontakte, vorausgesetzt, es handelt sich dabei um mehr als 58 unterschiedliche Personen.

Big-Data-Kreditscores funktionieren demnach anders als traditionelle Scores. Die Algorithmen betrachten nicht nur, was *Sie* getan haben, sondern auch, was *Menschen wie Sie* getan haben. Sie suchen nach Zusammenhängen – Korrelationen – innerhalb der Daten, um damit das Verhalten vorhersagen zu können. Alle Zahlen sind erwünscht, Hauptsache, man kann mit ihnen etwas vorausberechnen.

Selbst wie man einen Kredit beantragt, kann aufschlussreich sein. Für Douglas Merrill von ZestFinance ist ein Antrag, der nur in Großbuchstaben oder nur in Kleinbuchstaben geschrieben ist, möglicherweise ein Indiz für eine schlechte Zahlungsmoral.[40] Auch das Kaufverhalten sagt einiges über eine Person aus. 2008 sperrte American Express die Kreditkarten zahlreicher amerikanischer Kunden, weil sie in Geschäften gekauft hatten, die von Kunden mit einer schlechten Zahlungsmoral frequentiert worden waren.[41] American Express bestritt später, eine schwarze Liste mit bestimmten Geschäften zu führen, gab aber zu,»Hunderte Datenpunkte« zu nutzen, um die Kreditwürdigkeit zu prüfen.

Noch eine Datengoldmine: die sozialen Netzwerke. 2015 erwarb Facebook ein Patent, das es ermöglichte, Facebook für die Berechnung von Kreditscores zu benutzen.[42] Wie das? Wer Freunde mit einer schlechten Kreditgeschichte hat, dem ist in Geldangelegenheiten wahrscheinlich auch nicht zu trauen. Die Firma NEO Finance verwendet bereits LinkedIn-Daten, um den »Charakter und Kapazitäten« einer Person einschätzen zu können, indem sie beispielsweise prüft, ob der angegebene Lebenslauf der Wahrheit entspricht.[43]

Früher orientierte sich so mancher Bankangestellter bei der Entscheidung, ob er einen Kredit an eine bestimmte Person vergeben soll, an Vorurteilen bezüglich Hautfarbe, Geschlecht und Schicht. Die FICO-Scores sollten dem ein Ende machen, doch es änderte sich nichts: Auch mithilfe von Massendaten beurteilt man eine Person weiterhin nach der Gruppe, der er oder sie angehört. Nur werden diese Gruppen heute anders definiert: Großbuchstabenschreiber, Schnäppchenjäger oder Freundlose. Blickt man hinter die Zahlen, ist alles beim Alten geblieben.

Vom Schreiben in Großbuchstaben leitet man den Bildungsgrad ab, von den LinkedIn-Kontakten die Tatsache, dass jemand in Lohn und Brot steht, und das Lieblingsgeschäft sagt viel über das Einkommen aus. Algorithmen machen es nicht anders als früher die Bankangestellten: Sie teilen ein in Arm oder Reich, mit oder ohne Job, gute oder schlechte Schulbildung.

Statistiker nennen das Korrelationen, andere Menschen schlicht Vorurteile.

Wie steht es nun mit Korrelation und Kausalität, seit es Big Data gibt? Laut Chris Anderson, dem ehemaligen Chefredakteur der Technologiezeitschrift *Wired*, müssen wir uns darüber keine Sorgen machen. Die Erklärung für bestimmte Zusammenhänge ist unwichtig, schrieb er 2008 in seinem einflussreichen Artikel »The End of Theory«[44]: »Googles Grundphilosophie ist, dass wir nicht wissen, weshalb eine Seite besser ist als eine andere: Wenn die Statistiken [...] sagen, dass es so ist, reicht das völlig aus.« Dass Korrelation nicht gleich Kausalität ist, wie wir das bei den Störchen und den Babys in Kapitel 4 gesehen haben, ist Anderson zufolge egal: »Petabytes (das Millionenfache von Gigabytes) gestatten es uns, zu behaupten: Korrelation genügt.«

Eine sehr naive Aussage. Auch in der Ära von Big Data genügt Korrelation nicht. Das sieht man etwa bei Google Flu Trends, einem Algorithmus, der 2008 mit großem Tamtam vorgestellt wurde.[45] Anhand von Suchanfragen versprach Google, vorhersagen zu können, wann und wie viele Grippefälle zu erwarten wären. Denn wenn Menschen krank sind, googeln sie die Symptome. Ein großes Versprechen. Eric Schmidt, damals CEO von Google, war der Ansicht, damit Zehntausende Menschenleben retten zu können.[46] Es sah ganz danach aus, dass er Recht behalten sollte. Zwei, drei Jahre lang sagte das Modell ziemlich genau vorher, wo und wann die Grippeviren zuschlagen würden. Aber in den Jahren danach irrte sich der Algorithmus jedes Mal. 2013 kam dann der Tiefschlag, als er doppelt so viele Grippefälle vorhersagte, wie tatsächlich eintraten.[47]

Was war schiefgelaufen? Die Entwickler des Algorithmus hatten aus fünfzig Millionen Suchbegriffen jene 45 ausgewählt, die am stärksten mit der Verbreitung einer Grippewelle korrelieren. Danach scannten sie die Suchanfragen nach diesen Begriffen. Klingt logisch, doch auch bei großen Datenmengen schlägt das Jelly-Bean-Problem kleiner Datenmengen zu: Man muss nur lange genug suchen, dann lässt sich immer irgendwo ein Zusammenhang finden.

Schlimmer noch, bei Big Data tritt dieses Problem sogar häufiger auf. Denn je mehr Datenpunkte man hat, desto mehr Zusammenhänge findet man, die signifikant erscheinen. Einfach so, zufällig. Wissenschaftler fanden auf diese Weise einen engen Zusammenhang zwischen dem Suchbegriff »*high school basketball*« und der Verbreitung von Grippeviren.[48] Die Entwickler entfernten diese zufälligen Korrelationen per Hand aus dem Modell. Aber wie soll man eine solche Entscheidung treffen? Wer bestimmt, was Zufall ist? Ist der Suchbegriff »Taschentücher« Zufall, weil gerade Winter ist, oder ist er ein Indiz für eine Grippewelle?

Ein anderes Problem mit dem Grippe-Algorithmus war, dass die Entwickler wichtige Faktoren ignorierten, wie Änderungen in der Struktur von Googles eigener Suchmaschine. So lieferte die Webseite seit 2012 als Antwort auf die Suche nach »Husten« oder »Fieber« eine Liste möglicher Erkrankungen. Eine dieser Krankheiten? Grippe. Vermutlich klickten die Internetnutzer dadurch häufiger auf den Grippe-Verweis, woraufhin der Google-Flu-Algorithmus sich gründlich verrechnete.

Auch Kreditbüros treffen, wie bereits erwähnt, Voraussagen. Doch auch bei ihren Prognosen treten zufällige Korrelationen auf, und es besteht die Möglichkeit, dass wichtige Faktoren das Ergebnis beeinträchtigen. Korrelationen sind wenig aussagekräftig, wenn die Internetnutzer beispielsweise herausgefunden haben, dass sie bei einer Anmeldung bestimmte Begriffe benutzen müssen.

Selbst wenn wir uns in Zukunft keine Gedanken mehr um diese beiden Knackpunkte machen müssten und zufällige Korrelationen aufspüren und Veränderungen in Echtzeit durchschauen könnten, bliebe immer noch ein ungelöstes Problem: Denn wie wir die Scores verwenden, beeinflusst, wie sie aussehen.

Zahlen zeigen nicht die Wirklichkeit, sie ersetzen sie

»Ich gehe doch nicht jahrelang zur Schule, wenn Sie mich dann doch nicht einstellen.«
»Ich stelle Sie doch nicht ein, wenn Sie nicht ordentlich ausgebildet sind.«

Dieses Gespräch wurde 2003 im amerikanischen Virginia geführt.[49] Wer führte es? Ein Arbeitgeber und ein Bewerber? Möglicherweise ein Bewerber mit schwarzer Hautfarbe, vielleicht ein Arbeitgeber, der nach einem Blick auf den Lebenslauf festgestellt hat: Ausbildung ungenügend!

Doch der Bewerber war nicht schwarz, er war violett. Und die beiden waren in Wirklichkeit nicht Arbeitgeber und Bewerber, sondern Studenten, die als Probanden an einem Experiment des Harvard-Professors Roland Fryer teilnahmen. Die Studie sollte zeigen, wie schnell eine gleichberechtigte Welt aus den Fugen geht, wenn man den Zahlen blind vertraut.

Bei dem Experiment bekamen die Studenten willkürlich eine Rolle als »Arbeitgeber«, »grüner Arbeitssuchender« oder »violetter Arbeitssuchender« zugeteilt. In jeder Runde musste sich der oder die Arbeitssuchende entscheiden, ob er in Bildung investieren wollte oder nicht.

Allerdings sollten die Studenten diese »Ausbildung« von dem Geld, das sie für die Teilnahme an der Studie erhalten würden, bezahlen. Mit der Ausbildung aber hätten sie eine größere Chance auf einen höheren Score beim »Test«. Dieser Score wurde von einem Würfel bestimmt, der so manipuliert war, dass er häufiger zu ihrem Vorteil entschied, wenn sie in ihre Ausbildung investiert hatten, wodurch sie die Aussicht hatten, zusätzlich Geld zu verdienen. Die Arbeitgeber zogen natürlich Bewerber mit einem guten Score vor, denn ein gut ausgebildeter Arbeitnehmer würde auch ihnen mehr Geld einbringen.

Doch der Arbeitgeber bekam nur die Testscores zu Gesicht, anhand derer er nie hundertprozentig sicher sein konnte, ob sich der Bewerber wirklich weitergebildet hatte. Das Experiment glich der Wirklichkeit: Ein Arbeitsgeber kann nie wissen, ob sich ein Bewerber wirklich für eine Stelle eignet, und behilft sich dann mit solch unvollkommenen Indikatoren, wie es etwa Schulnoten sind.

In der ersten Runde des Experiments investierten die violetten Arbeitssuchenden etwas weniger Geld in ihre Bildung als die grünen. Dies hatte nichts mit ihrer Farbkennzeichnung zu tun, denn diese war zufällig gewählt. In der nächsten Runde durften die Arbeitgeber die Statistiken studieren und beschlossen, lieber keine violetten Bewerber einzustellen. Als die violetten Teilnehmer bemerkten, dass ihre grünen Kollegen öfter eingestellt wurden, investierten sie noch weniger Geld, da das ihrer Ansicht nach ihre Chancen ohnehin nicht verbessern würde.

Das Merkwürdige an dieser Sache war, dass jede Gruppe sich vollkommen rational verhielt. Aufgrund der Zahlen schien ihre Strategie jeweils die beste zu sein. Doch in den noch verbleibenden siebzehn Runden mündete dieses Verhalten in einen Teufelskreis, der eine extrem ungleiche Welt zur Folge hatte. »Ich war erstaunt. Die Kids waren wirklich aufgebracht«, erzählte Fryer dem britischen Journalisten Tim Harford, der über das Experiment in seinem Buch *The Logic of Life* schrieb. »Die anfänglichen Ungleichheiten waren reiner Zufall gewesen, doch jede Gruppe klammerte sich an ihnen fest und befreite sich nicht mehr davon.«

Die Welt ist natürlich viel komplexer als dieses faszinierende Experiment, das aber eines illustriert: Zahlen sind sowohl Wirkung als auch Ursache davon, wie die Welt aussieht. Zahlen scheinen die Wirklichkeit nur passiv zu erfassen, aber das ist absolut falsch: Sie gestalten die Wirklichkeit. Und je mehr Zahlen die Welt beherrschen, wie gegenwärtig in Form von Big Data, desto mehr werden sie unsere Welt verändern.

Als Beispiel soll uns das *»predictive policing«* dienen. Dabei handelt es sich um Algorithmen, die von der Polizei eingesetzt werden, um herauszufinden, ob jemand möglicherweise kriminell werden wird. Amerikanische Zahlen lassen einen eindeutigen Zusammenhang zwischen armen, schwarzen, jungen Männern und Kriminalität erkennen. Dieser Algorithmus legt es der Polizei nahe, jene Stadtviertel und seine Bewohner im Auge zu behalten, die diesen Kennzeichen entsprechen. Die Folge? Sogenanntes ethnisches Profiling, also die Durchsuchung und Festnahme von Personen einer bestimmten Hautfarbe oder Bevölkerungsgruppe, bei dem auch viele Unschuldige verhaftet werden. Doch wenn man bestimmte Menschen häufiger festnimmt, tauchen sie automatisch häufiger in den Statistiken auf. Zugleich bleiben Kriminelle, die reich und weiß sind, unentdeckt, denn sie agieren nicht in dem von der Polizei beobachteten Gebiet. Kein Wunder also, dass die Polizei in den nächsten Statistiken – vielleicht diesmal noch eindeutiger – einen Zusammenhang zwischen Hautfarbe und Kriminalität erkennt.

Dieselbe Gefahr lauert hinter Kreditscores: Personen mit bestimmten Kennzeichen erhalten seltener ein Darlehen, wodurch sie schneller in die Armut rutschen und so weiter und so fort. So werden Algorithmen zu sich selbst erfüllenden Prophezeiungen.

Die Zahlen, die die Wirklichkeit wiedergeben sollten, haben die Wirklichkeit *ersetzt*.

Was will man mit Zahlen eigentlich erreichen?

2014 gab die chinesische Regierung bekannt, dass ab 2020 ein »Sozialkreditsystem« eingeführt wird. Dieses System solle wesentlich zum »Aufbau einer harmonischen, sozialistischen Gesellschaft« beitragen.[50] Wikipedia erklärt: »Das Ziel besteht darin, die chinesische Gesellschaft durch eine umfassende Überwachung zu mehr ›Aufrichtigkeit‹ im sozialen Verhalten zu erziehen.«[51] Wir konnten bereits 2015 einen Einblick in das System gewinnen, als die chinesische Zentralbank acht Firmen beauftragte, damit zu experimentieren.[52]

Eine dieser Firmen war Ant Financial, die chinesische Dachorganisation von Alipay, der Bezahl-App des allmächtigen Webshops Alibaba. Diese App hat über eine halbe Milliarde chinesischer Nutzer[53] und bietet so gut wie jeden Dienst an: Man kann damit in Geschäften zahlen, Zugtickets kaufen, Essen bestellen, ein Taxi rufen, Geld leihen, Bußgelder begleichen und Freunde hinzufügen. Diese App agiert, als wäre Ihre Banking-App mit Amazon, Facebook, Uber, mit der Bahncard und all Ihren Payback-Punkten verknüpft. Inzwischen ist noch ein weiterer Alibaba-Dienst hinzugekommen: Sesame Credit, ein Punktesystem, das viele Vorteile mit sich bringt.

Bei Sesame Credit erhalten die Teilnehmer einen Score zwischen 350 und 950 Punkten.[54] Liegt der Score bei über 600 Punkten, erhält man im Alibaba-Webshop etwa 600 Euro Kredit. Hat man über 650 Punkte, braucht man bei der Autovermietung keine Kaution zu hinterlegen. Und mit über 700 Punkten lässt sich viel leichter ein Visum beantragen. Überdies ist ein hoher Score natürlich gut für die Reputation: Man kann damit in den sozialen Netzwerken angeben, und er garantiert einen prominenteren Platz auf Dating-Seiten. Sesame Credit, der Name sagt es schon, öffnet Tür und Tor.

Aber wie punktet man? Man muss Rechnungen pünktlich

begleichen, jeden Monat die Miete überweisen und Darlehens-raten pünktlich bezahlen. Bei Angabe persönlicher Daten – Adresse, Arbeitsstelle, Diplome – steigt der Score ebenfalls. Und was ist mit den Einkäufen, die man über eine App erledigt? Bestellt man eine Menge Computerspiele, wirkt sich das schlecht auf die Punktzahl aus, sagte Li Yingyun, Technischer Direktor von Ant Financial, in einem Interview mit *Wired*, doch bei einer Windel-Bestellung bekommt man Extrapunkte. Diese Behauptung wurde später vom Konzern bestritten, aber sie stimmt dennoch nachdenklich: Überlegt man, wie viele Dienste man über die Alipay-App nutzen kann, dann sind die Miss-brauchsmöglichkeiten dieses Punktesystems grenzenlos.

Sesame Credit greift auch Daten aus anderen Quellen ab. Wehe dem, der einmal bei einer Prüfung gespickt hat! Die Direktorin von Sesame Credit erklärte 2015, sie wäre zu gern im Besitz der Liste mit den Namen der Studenten, die bei der Nationalen Abschlussprüfung abgeschrieben haben. Sie sähe diese Studenten gerne für ihr »unehrliches Verhalten« bestraft. Außerdem benutzte der Konzern eine schwarze Liste der Regierung, auf der Millionen säumige Bußgeldzahler erfasst waren, und senkte aufgrund dieser Daten deren Scores.

Big Data ist furchteinflößend. Die Dimensionen des Mas-sendatenhandels sind riesig und die Algorithmen manchmal so kompliziert, dass selbst die Entwickler nicht mehr schlau aus ihnen werden. Aber letztlich geht es bei Big Data um dieselbe Frage wie bei kleinen Datenmengen: Was will man mit den Zahlen erreichen? In China mag klar sein, was das Land mit dem Sozialkreditsystem erreichen will, nämlich den »Aufbau einer harmonischen, sozialistischen Gesellschaft«, doch wir dürfen niemals vergessen, dass wirklich jeder Algorithmus mit zahlreichen moralischen Erwägungen verbunden ist.

Jeder Algorithmus versucht etwas zu optimieren. YouTube beispielsweise will, dass man sich möglichst viele Clips anschaut, denn das bringt Werbeeinnahmen.[55] Der Wahrheitsgehalt von Aussagen in diesen Videos spielt dabei eine untergeordnete Rolle. Guillaume Chaslot, ehemaliger Google-Mitarbeiter und Gründer der Webseite AlgoTransparency, hat sich mit dem YouTube-Algorithmus befasst und dabei entdeckt, dass die Plattform Videos empfahl, in denen zum Beispiel behauptet wird, dass die Erde eine Scheibe oder Michelle Obama ein Mann ist. »Fiktion übertrifft die Wirklichkeit«, sagte Chaslot dem *Guardian*.

Die Polizei möchte die Sicherheit der Bürger optimieren, wenn sie ihren Predictive-Policing-Algorithmus einsetzt. Doch auch diese Zielsetzung gerät in Konflikt mit einer anderen: der Gerechtigkeit. Natürlich ist es ungerecht, Unschuldige zu verhaften. Doch diese Einschätzung kann sich ändern, wenn man den Blick auf das große Ganze lenkt.

Genauso verhält es sich mit Kreditscores. Ich habe bereits erwähnt, dass die Federal Trade Commission an einem von zwanzig Kreditberichten ernsthafte Mängel festgestellt hat. Consumer Data Industry Association (CDIA), der Berufsverband, der unter anderem für Kreditvergabebüros zuständig ist, hielt das für ein positives Zeichen, denn damit ist ja gesagt, dass 95 Prozent der Konsumenten fehlerfrei beurteilt worden seien.[56]

Aber sind 5 Prozent nun viel oder wenig? Das kommt darauf an, was man mit den Scores bezweckt. Kreditgeber sind im Allgemeinen kommerzielle Unternehmen. Ihr Ziel ist es, Gewinn zu erwirtschaften. Aus ihrer Sicht ist eine Trefferquote von 95 Prozent tatsächlich in Ordnung. Ob es dabei gerecht zugeht, ist ihnen weniger wichtig, denn schließlich ist der Kreditnehmer für sie kein Kunde, er ist die Ware.

Man muss also immer auf der Hut sein. Ein Sozialkreditsystem, wie es die chinesische Regierung einführen will, mag das erbarmungslose Instrument eines autokratischen Regimes sein, doch auch in Europa wird ausgiebig gescoret. Man braucht ja nur aufzuzählen: Eine Ratingagentur versucht zu berechnen, ob man mit Geld umgehen kann, eine Versicherung, ob man gesund bleibt, das Finanzamt, ob man Steuern hinterziehen will, und die Polizei, ob man zu einem Verbrechen fähig ist. All diese Berechnungen haben Folgen für unser tägliches Leben: Ein Kreditantrag wird abgelehnt, eine Mahnung trifft ein, man muss eine höhere Versicherungsprämie bezahlen oder wird gar verhaftet. Und oftmals sind gerade diejenigen die Dummen, die sich bereits in einer prekären Lebenssituation befinden.

Big Data kann die Welt verbessern, wie wir am Beispiel der Kenianerin Jenipher gesehen haben, die sich dank eines Darlehens ein besseres Leben aufbauen konnte. Aber dieselben Algorithmen, die Menschen wie Jenipher helfen, können jahrhundertealte Ungleichheiten aufrechterhalten und neue erschaffen.

Dabei ist es nicht der Algorithmus an sich, der »gut« oder »schlecht« ist, sondern nur die Art und Weise, wie wir ihn verwenden. Darum ist es lebenswichtig, sich über folgende Fragen Gedanken zu machen: Welchem Ziel dienen die Algorithmen? Der Wahrheitsfindung oder dem Gewinn? Der Sicherheit oder der Freiheit? Der Gerechtigkeit oder der Effizienz? Aus diesem Spannungsfeld ergeben sich vielfältige moralische Dilemmata, die sich nicht mit Statistik auflösen lassen.

Algorithmen werden niemals objektiv sein, egal, wie zuverlässig die Daten und wie fortgeschritten die Entwicklungen in der Künstlichen Intelligenz sein mögen. Vergisst man, dass Algorithmen nicht objektiv sind, überlässt man zahlreiche moralische Entscheidungen Menschen, die sich zufälligerweise mit Computern auskennen und die während des Programmierens willkürlich festlegen, was richtig ist und was falsch.

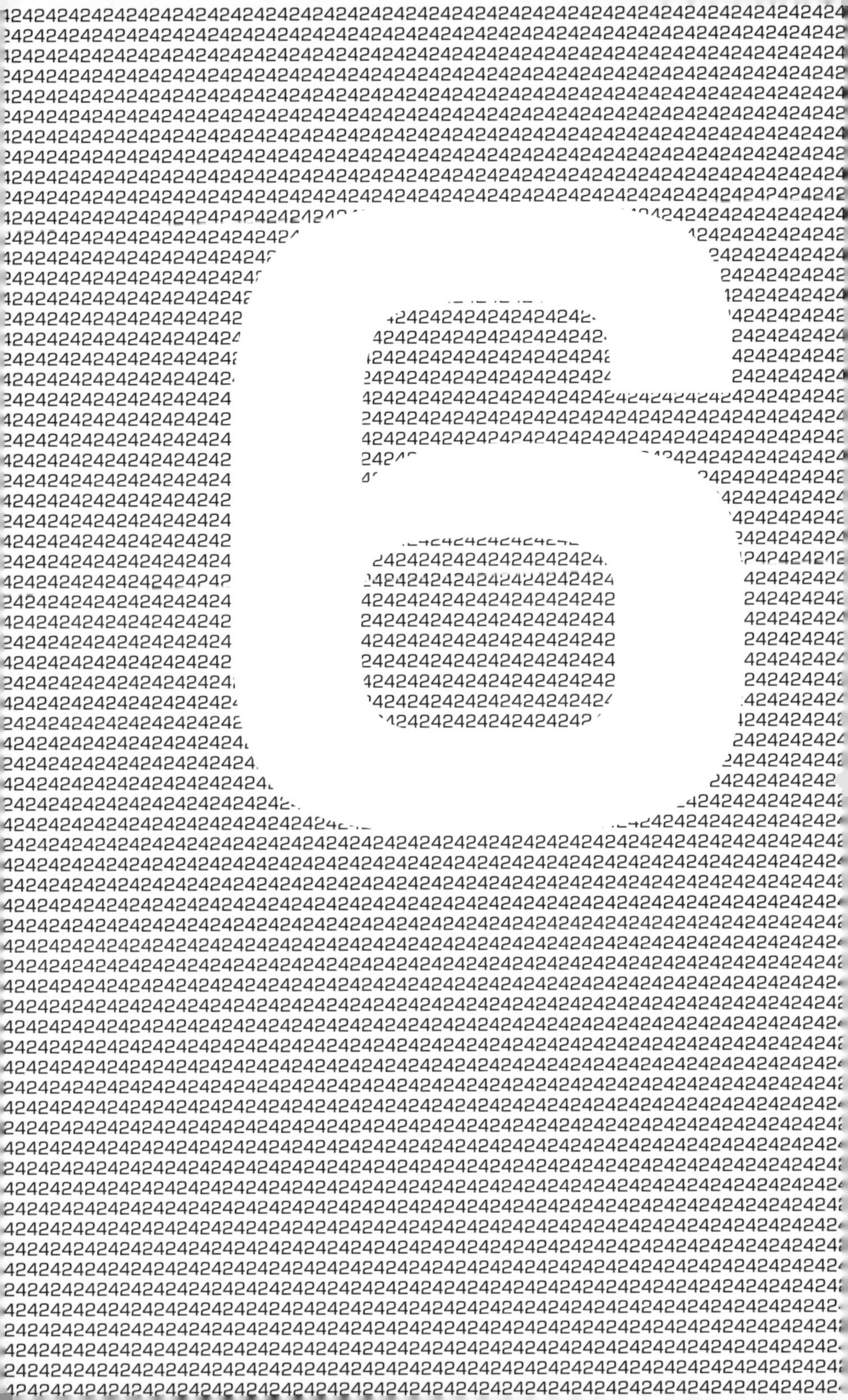

6.

—

WIR BESTIMMEN SELBST,
WIE WICHTIG ZAHLEN SIND

»Ein Glas Alkohol ist eigentlich schon zu viel.« Diese Schlag-zeile las ich im April 2018 auf der Webseite des Nachrichten-senders NOS.[1] Bei mehr als einem Glas Alkohol pro Tag, so war im Bericht zu lesen, wächst die Gefahr, früher zu sterben.[2]

Der Artikel bezog sich auf eine Publikation in der renom-mierten Fachzeitschrift *The Lancet*, die 83 Studien mit insge-samt ungefähr 600 000 Testpersonen ausgewertet hatte.[3] Sehr beeindruckend, dachte ich, aber Korrelation ist nicht gleich Kausalität.

Das dachte sich auch Vinay Prasad. Der Arzt und Forscher mit Spezialgebiet der evidenzbasierten Medizin hatte sich in die *Lancet*-Studie vertieft und twitterte unzufrieden: »Ein Team aus Wissenschaftlern beweist mal wieder, dass der menschliche Durst nach Bullshit-Wissenschaft und Bullshit-Gesundheits-news unstillbar ist.«[4]

Danach erklärte er in mehr als dreißig Tweets, was er damit meinte. Er vermutete erstens einen Publikationsbias, durch den nur Studien veröffentlicht werden, die einen Zusammen-hang zwischen Phänomenen nachweisen, und monierte zweitens, dass der Alkoholgenuss der Testpersonen nur über vergleichsweise kurze Zeiträume überprüft worden sei. Ein in der Studie erhöhtes Sterberisiko bei Biertrinkern und ein kaum erhöhtes bei Weintrinkern sei, so Prasad, wohl eher auf ein allgemein niedrigeres Einkommen bei Biertrinkern zurückzuführen als auf den Bierkonsum selbst.

Ich schloss daraus: Ein paar Gläser Alkohol konnten nicht schaden.

Warum will es einfach nicht gelingen?

Als ich anfing, Artikel zu schreiben, glaubte ich zu wissen, wie sich das hartnäckige Problem des Zahlenmissbrauchs lösen ließe: durch mehr Information. Der Organisation für Wirtschaftliche Zusammenarbeit und Entwicklung (Organisation for Economic Co-operation and Development, OECD) zufolge schneidet in den entwickelten Ländern einer von vier Erwachsenen auf niedrigstem Niveau ab, wenn er auf sein Zahlenverständnis getestet wird – »Zahlenanalphabetismus« nennt man das, wenn es einem Menschen schwerfällt, Zahlen und Grafiken zu interpretieren.[5] Auch die Mathephobie ist ein ernstzunehmendes Problem. Die OECD stellte 2012 fest, dass
166 ungefähr 30 Prozent aller Fünfzehnjährigen Angst vor Mathematik hätten.[6]

Wenn Nachrichtenleser wüssten, wie Zahlen funktionieren, so dachte ich mir, würden sie schnell verstehen, welchen Einschränkungen sie unterliegen und wie sie uns in die Irre führen können. Also schrieb ich über schlechte Wahlprognosen, über Fehlerspannen, Korrelation und Kausalität. Und in jedem Artikel versuchte ich zu erklären, wie man diese Fehler erkennen kann, damit man den Zahlen das nächste Mal nicht auf den Leim geht.

Es klingt logisch, dass die Lösung darin liegen könnte, einfach besser informiert zu sein. Das Prinzip »Mehr Information« findet Anwendung, wenn Klimawissenschaftler Temperaturgrafiken prüfen, wenn Journalisten Aussagen von Rechtspopulisten über Kriminalität Fakten checken oder wenn Politiker in den Debatten über die Kapitalertragssteuer mit wirtschaftswissenschaftlichen Untersuchungen wedeln.

Doch mit jedem Artikel wuchsen meine Zweifel, ob mehr Information tatsächlich die Lösung war. Unser Wissen vergrößert sich täglich, und trotzdem ändert sich wenig. Schon vor mehr als sechzig Jahren hatte Darrell Huff in *Wie lügt man mit Statistik* die wichtigsten Fehler im Umgang mit Zahlen zusammengefasst. Sein Buch war ein Bestseller, doch die Fehler sind bis heute geblieben. In jeder Generation diskutiert man über einen möglichen Zusammenhang von IQ und Hautfarbe, noch immer erhalten nicht-repräsentative Wahlprognosen viel zu viel Aufmerksamkeit und fast täglich werden Gesundheitsnews verbreitet, die Korrelation mit Kausalität verwechseln.

Oft lassen sich Fehler dadurch erkennen, dass man ein paar einfache Fragen stellt. Wie wurde standardisiert? Wie wurden die Daten erhoben? Gibt es einen ursächlichen Zusammenhang oder gibt es ihn nicht? Diesen Fragen haben wir uns in den vergangenen Kapiteln ausführlich gewidmet, und ich werde sie am Ende dieses Buches noch einmal zusammenfassen.

Dennoch ziehen Wissenschaftler, Journalisten, Politiker und Zeitungsleser aus Zahlen immer wieder die falschen Schlüsse. Ich auch. Als ich nach einem Vortrag erfuhr, dass 50 Prozent des Publikums meinen Auftritt negativ bewertet hatten, fiel ich aus allen Wolken. Allerdings hatte ich übersehen, dass lediglich zwei Personen ihre Meinung abgegeben hatten.[7] Ein anderes Mal empörte mich die Nachricht, dass einer Studie zufolge weibliche Programmierer von ihren Kollegen unterschätzt würden. Kurze Zeit später stellte sich heraus, dass die Medien die

Forschungsergebnisse falsch interpretiert hatten und Programmierer gar nicht so sexistisch waren, wie die Presseberichte vermuten ließen.[8]

Immer wieder beging ich gerade jene Fehler, gegen die ich in meinen Artikeln anschrieb. Erst bei der Arbeit an diesem Buch erkannte ich den Grund dafür: Beim Konsumieren von Zahlen drohen nicht nur Denkfehler, sondern auch Bauchgefühle. Ich habe bereits einige Beispiele erwähnt, an denen wir sehen konnten, wie sich Wissenschaftler beim Sammeln und Interpretieren von Daten von ihren – bewussten oder unbewussten – Vorurteilen und Überzeugungen leiten ließen. Uns, den Konsumenten dieser Zahlen, geht es oft ganz ähnlich.

Eine Interpretation, die zwar nicht stimmt, sich aber gut anfühlt

Der Yale-Professor Dan Kahan erforscht seit Jahren, wie das Denken eines Menschen durch Kultur, Werte und Überzeugungen beeinflusst wird. Bei einem Experiment legte er Testpersonen eine Tabelle mit den fiktiven Zahlen zu einer angeblichen Studie über eine Anti-Pickel-Creme vor.[9] Bei der einen Testgruppe ergaben die Zahlen, dass die Hautunreinheiten zunahmen, bei der zweiten besagten die Zahlen das Gegenteil. Die Frage lautete nun: Hilft diese Creme gegen Pickel oder werden sie dadurch schlimmer?

Zur Beantwortung der Frage mussten die Testpersonen mit den Ergebniszahlen des Experiments komplizierte Berechnungen anstellen. Fast alle Testpersonen, die in einem vorausgegangenen Mathematiktest gut abgeschlossen hatten, errechneten das richtige Resultat. Somit hatte das Experiment schon mal ein Ergebnis: Wer etwas von Zahlen versteht, kommt der Wahrheit näher.

Aber es gab noch zwei weitere Testgruppen. Ihnen wurden zwar dieselben Zahlentabellen vorgelegt, allerdings bezogen auf ein anderes Thema. Ein in den Medien und bei den Politikern der Vereinigten Staaten heiß diskutiertes: der Waffenbesitz. Den Probanden wurde vorgegaukelt, man habe den Effekt von verschärften Waffengesetzen erforschen wollen. Die Frage angesichts der Zahlen lautete nun: Steigt oder sinkt die Kriminalität durch die neuen Gesetze?

Diesmal waren die Ergebnisse ganz andere als beim Experiment mit der Hautcreme. Die besseren Rechner schnitten schlechter ab. Obwohl die Zahlen identisch waren mit den Zahlen des Pickelcreme-Experiments, gaben die Probanden plötzlich falsche Antworten.

Die Ergebnisse aus Kahans Experiment lassen nur eine Erklärung zu: Ideologie.[10] Die Demokraten unter den Testpersonen – die liberale demokratische Partei der Vereinigten Staaten setzt sich für eine Einschränkung des Waffenbesitzes ein – stellten öfter als andere Teilnehmer fest, dass die Kriminalität durch die strengeren Waffengesetze sank. Das war auch in jener Gruppe so, deren Zahlen solche Rückschlüsse gar nicht zuließen. Bei den Teilnehmern, die mit der Partei der konservativen Republikaner sympathisierten, war es umgekehrt. Sie kamen stets zum Schluss, dass eine strengere gesetzliche Regelung nichts bewirke.

169

Kahn schloss daraus, dass es bei den Antworten gar nicht um Wahrheit ging. Wichtig war den Probanden, ihre Identität zu bewahren, oder anders gesagt, ihre Zugehörigkeit zu einem »Stamm« zu bekräftigen. Und darin waren gerade diejenigen, die gut in Mathematik waren, äußerst geschickt. Übrigens meistens vollkommen unbewusst. Ihre Psyche hatte die Regie übernommen.

Kahan führte mehrere ähnliche Experimente durch und kam immer wieder zum selben Ergebnis: Je mehr Informationen jemandem zur Verfügung stehen oder je mehr Fähigkeiten er besitzt, desto größer ist sein Potential, sich selbst zu täuschen.[11] Unser Gehirn funktioniert wie ein Anwalt. Es lässt kein Argument unversucht, um unsere Ansichten zu verteidigen. Das kann sogar zur Folge haben, dass man das eine glaubt und das andere tut. In Amerika gibt es genügend konservative Farmer, die den Klimawandel leugnen, gleichzeitig aber Vorkehrungen treffen, um ihren Agrarbetrieb gegen die Folgen des sich ändernden Klimas zu schützen.[12] Das sei nur auf den ersten Blick irrational, erklärt Kahan. Wer seine politischen Ansichten ändert, setzt viel aufs Spiel. Ein Farmer, der plötzlich an den Klimawandel glaubt, würde Gefahr laufen, sein persönliches Umfeld – Familie, Kirche oder Baseballverein – völlig umsonst zu brüskieren. Das Klima kann er ja ohnehin nicht im Alleingang retten. Also leugnet er den Klimawandel weiterhin und stellt die Wahrheit hintan.

Wir alle sind anfällig für solche psychologischen Prozesse. Kahan nimmt sich selbst nicht aus und erklärte 2014 in einem Interview mit dem Journalisten Ezra Klein, er rechne immer damit, die Fehler, die er in seinen Forschungen beschreibt, auch selbst zu begehen.[13] Er neige selbst dazu, mithilfe von »Fakten« seine Identität zu bewahren.

Wer Zahlen richtig interpretieren will, muss wissen, dass dafür nicht nur Informationen nötig sind, sondern dass dabei auch die Psyche eine wichtige Rolle spielt. Die Frage ist also, wie und wie stark sich unser Bauchgefühl einmischt, sobald wir es mit einer Zahl zu tun bekommen. Drei Tipps für ein besseres Zahlenverständnis:

1. Merke, was du fühlst

Es gibt zahlreiche Themen, bei denen sich die Psyche kaum einmischt. Die Anti-Pickel-Creme zum Beispiel lässt wohl viele emotional unberührt. Das ändert sich bei Themen, die uns gefühlsmäßig ansprechen. Und gerade bei solchen Themen werden Zahlen überdurchschnittlich oft missbräuchlich eingesetzt. Es ist kein Zufall, dass die Kapitel meines Buchs kontroversen Themen wie Rassismus, Gender und Drogen gewidmet sind – alles Themen, die viel mit Identität und der Zugehörigkeit zu einem gesellschaftlichen Lager, einem »Stamm«, zu tun haben.

Heißt das, man muss Gefühle vermeiden? Das geht gar nicht. Gefühle sind nun mal da. Und das ist auch gut so. Ohne Angst würden wir uns blind einer gefährlichen Situation aussetzen. Ohne Wut würden wir begangenes Unrecht einfach akzeptieren. Und ohne Freude wäre das Leben seelenlos. Gefühle gehören zu uns, ob mit positiven oder negativen Konsequenzen.

Was soll man also tun, wenn man auf eine Zahl trifft? Ich rate dazu, zunächst auf Distanz zu gehen und sich zu fragen: Was fühle ich eigentlich?

Angesichts der Studie über Alkohol beschlich mich beispielsweise leichter Ärger, vor allem, als ich den Titel las: »Jedes zweite Glas Alkohol verkürzt Ihr Leben um 30 Minuten!«[14] Was für ein Unfug! Mein Ärger war ein Gefühl, das ich mit meinen »Stammesangehörigen« aus dem »Stamm« der Zahlenskeptiker und denen meines persönlichen Umfelds teile. Wenn ich mich mit Freunden treffe, trinken wir ein Glas Wein oder Bier. Das gehört dazu. Damit aufhören? Nur ungern. Ich war dann auch ziemlich erleichtert, als ich die Tweets des renommierten Wissenschaftlers Vinay Prasad entdeckte: Ich konnte einfach weitertrinken.

Aber ich hatte etwas Wichtiges übersehen. Als mir klar wurde, dass mir die Aussage, Trinken sei ja nichts Schlechtes, Wohlbehagen bereitete, warf ich noch einmal einen genauen Blick auf Prasads Tweets und stellte fest, dass er nirgendwo behauptete, Trinken sei nicht schädlich. Er hatte nur gesagt, dass die *Lancet*-Studie aus wissenschaftlicher Sicht fehlerhaft sei.

Ganz wie es Kahan in seinen Forschungen beschrieben hatte, schloss ich mich unmittelbar der Interpretation an, die ich mit meinem »Stamm« teilte. Die Interpretation brauchte nicht per se richtig zu sein, sie fühlte sich aber gut an. Dabei konnte ich es mir besonders leichtmachen. Denn durch meine Arbeit kannte ich ja genügend Argumente, um eine Studie, die zu einem mir unliebsamen Ergebnis gekommen war, zu diskreditieren. Und mein Gehirn hatte sich dann als Anwalt in eigener Sache betätigt.

2. Klick mal auf was anderes

Anfang 2017 veröffentlichte Dan Kahan mit Kollegen eine weitere Studie.[15] Anlässlich eines Projekts über wissenschaftliche Dokumentarfilme befragte er ungefähr 5000 Menschen, wie groß sie ihre »Neugier nach Wissenschaft« einschätzten.[16] Wie oft lasen sie wissenschaftliche Bücher? Welche Themen interessierten sie? Lasen sie in der Zeitung lieber den Sport- oder den Wissenschaftsteil?

Außerdem erkundigte er sich nach den politischen Überzeugungen der Teilnehmer und fragte, was sie vom Klimawandel halten. Eine der Fragen lautete: »Wie groß sind die Gefahren, die sich aus der Erderwärmung für Gesundheit, Sicherheit und Entwicklung des Menschen ergeben?« Nachdem Kahan bei seinem früheren Experiment mit der Pickelcreme einen Mathematiktest eingesetzt hatte, überprüfte er nun die »Wissenschaftsintelligenz« der Teilnehmer – eine Fähigkeit, die helfen sollte, Informationen über den Klimawandel zu interpretieren.

Erneut wurden die Ergebnisse aus Kahans früheren Experimenten bestätigt: Liberale Demokraten hielten die Risiken des Klimawandels für größer als die konservativen Republikaner. Und je intelligenter die Teilnehmer waren, desto größer waren die Unterschiede zwischen den beiden Gruppen.

Kahan fragte sich, was geschehen würde, wenn er seine Zahlen nicht nach der Intelligenz, sondern nach der Neugier ordnen würde. Da lieferten ihm seine Daten ein ganz anderes Bild. Jemand konnte »wissenschaftsneugierig« sein, ohne selbst in der Wissenschaft tätig zu sein – und umgekehrt. Als er nach einem Zusammenhang zwischen erhöhter Neugier und der Einschätzung der Gefahren des Klimawandels suchte, entdeckte er etwas Interessantes: Zwar blieben weiterhin Unterschiede zwischen Republikanern und Demokraten bestehen, doch je neugieriger seine Testpersonen waren, desto größer schätzten sie die Gefahren der Erderwärmung ein. Ungeachtet ihrer politischen Überzeugungen.

Weshalb spielt die Neugier eine so große Rolle? Um das zu prüfen, führte Kahan ein weiteres Experiment durch. Er konfrontierte die Testpersonen mit zwei tatsächlich erschienenen Artikeln zum Klimawandel: Ein Artikel bestärkte die Befürchtungen negativer Auswirkungen des Klimawandels, der andere war in dieser Frage skeptisch. Der Titel des ersten Artikels war so formuliert, dass die Nachricht unerwartet zu sein schien: »Wissenschaftler liefern überraschenden Beweis: Das Eis am Nordpol schmilzt noch schneller als erwartet.« Der Titel des zweiten Artikels suggerierte, dass der Artikel nichts Neues enthielt: »Wissenschaftler finden weitere Beweise für eine Verlangsamung der Erderwärmung im letzten Jahrzehnt«. Kahan fragte die Testpersonen nun, welchen Artikel sie lesen möchten, und entdeckte in ihren Antworten die Macht der Neugier. Neugierige Menschen entschieden sich nicht für den Artikel, deren Überschrift ihre Ansichten zu bestätigen schien, sondern für den, dessen Überschrift etwas für sie Neues verkündete. Bei ihnen war die Neugier stärker als die Wahrung ihrer Identität.

Ein lehrreiches Experiment, denn es fordert einen auf: Begegnest du einer Zahl, nimm sie zum Anlass, um weiterzuforschen. Suche – online oder offline – nach Menschen, die eine andere Meinung vertreten als du selbst. Lies nicht nur die Artikel, die deine Überzeugungen bestätigen, sondern versuche, Informationen zu finden, die ihnen widersprechen, Informationen, die möglicherweise Unbehagen, Wut oder Verzweiflung in dir erregen. Oder, wie der Schriftsteller Tim Harford sagt: »Klick mal auf was anderes«.[17]

Ich nahm Harford beim Wort und machte mich auf die Suche nach wissenschaftlichen Studien zum Thema Alkoholkonsum. Nach ein bisschen Googeln fand ich bereits einige Studien, die von einem Zusammenhang zwischen Alkoholgenuss und Krebs ausgingen. Zum Beispiel ein Experiment mit Pavianen, deren Leber durch Alkohol erkrankte,[18] oder eine Meta-Analyse, die einen direkten Zusammenhang zwischen Alkoholkonsum und Brustkrebs nachwies.[19]

Dabei wurde mir eines klar: Experten sind sich seit langem darüber einig, dass Alkohol schädlich ist. Und nicht umsonst rät der niederländische *gezondheidsraad*, ein offizielles Beratungsgremium für das Gesundheitsministerium der Niederlande, schon seit 2015, nicht mehr als ein Glas Alkohol pro Tag zu trinken.[20]

3. Akzeptiere Unsicherheit

Kahans Neugier-Forschung steckt noch in den Kinderschuhen. Seine Experimente müssen wiederholt werden, und selbst, wenn dabei immer wieder die gleichen Resultate erzielt werden, könnten seine Thesen irgendwann durch neue Forschungen widerlegt werden.

Das gilt übrigens für viele Zahlen, die man in den Zeitungen liest. Auch wenn sie aus zuverlässig durchgeführten Studien stammen, müssen sie dennoch als vorläufig betrachtet werden, weil weitere Forschungen ausstehen. Sollten wir dann solch unsichere Zahlen nicht besser ignorieren? Nein. Wie Kahans Experimente helfen uns Zahlen dabei, die Welt besser zu verstehen. Sie sind aber stets mit Vorsicht zu genießen, da in wenigen Jahren das Gegenteil bewiesen werden kann.

Die Forschungen zum Alkohol sind viel weiter fortgeschritten als Kahans Forschungen zur Neugier. Wer mehr erfahren will und bei Google die Stichworte »Meta-Forschung (Forschung über Forschung) über Alkohol« eingibt, erkennt rasch, dass viele Studien zum gleichen Ergebnis kommen. Der kausale Zusammenhang zwischen Alkoholkonsum und Brustkrebs ist inzwischen unumstößlich bewiesen, wodurch auch die Alkoholforscher sagen können, was die Wissenschaftler angesichts der überwältigenden Zahl von Studien über krebserregenden Zigarettenkonsum einst gesagt haben: Wir wissen genug!

Aber nicht einmal die Forschungen zum Alkohol werden je beendet sein, das liegt am Wesen der Wissenschaft. Einige Studien legen nahe, dass mäßiger Alkoholgenuss einigen Krankheiten vorbeugen kann. Und auch in Alkoholstudien lassen sich Korrelation und Kausalität nicht sauber trennen und sind Ergebnisse von Tierexperimenten nicht zwangsläufig auf den Menschen übertragbar. Deshalb herrscht bis heute keine Klarheit darüber, wie viel Alkohol man trinken kann, ohne Schaden zu nehmen.

Wir merken an uns selbst, dass Menschen mit einer solchen Unklarheit psychisch nur schwer umgehen können. Nicht umsonst sind es vor allem Menschen mit klaren Meinungen, die die Zeitungskolumnen, die Talkshows und die politischen Debatten dominieren. Sie alle sagen: Ich weiß es ganz sicher! So und so ist es!

Doch wer etwas sicher zu wissen glaubt, ist per definitionem nicht neugierig. Wer auf Teufel komm raus an seinen Ansichten festhält, ist neuen Informationen gegenüber selten aufgeschlossen. Für einen richtigen Umgang mit Zahlen – und mit Information im Allgemeinen – gilt es, diese Unsicherheit zu akzeptieren. Wie bereits gesagt: Zahlen sind zwar ein Fenster zur Wirklichkeit, aber ein Fenster aus Milchglas: Unscharf, wie es ist, lässt es höchstens Konturen erkennen.

Trotz dieser Unsicherheit sollte man sich in seiner Handlungsfähigkeit nicht einschränken lassen. Schließlich muss man ja Entscheidungen fällen. Zum Beispiel über den eigenen Alkoholkonsum: Sollte ich besser weniger trinken? Zahlen können einem diese Entscheidung nicht abnehmen. Obwohl sie ideal dafür zu sein scheinen, sich das Denken zu sparen, können sie keine fertigen Antworten liefern. Aber immerhin kommt man mit ihrer Hilfe einer Antwort näher.

Zahlen sind nicht nur unsicher, sie lassen auch zu viele Faktoren unberücksichtigt: Was ist mir der Genuss von Alkohol wert? Welches Gesundheitsrisiko bin ich bereit, für ein Glas Wein oder zwei einzugehen? Wie gesund lebe ich sonst noch? Über solche Dinge muss man sich ganz allein klarwerden.

In aller Kürze lassen sich die drei Tipps so zusammenfassen: Man sollte seine Gefühle im Auge behalten, sich informieren und sich der allgemeinen Unsicherheit stellen. Danach kann man seine Entscheidungen treffen.

Ein letzter Tipp: Vorsicht vor Interessenkonflikten

Im Juni 2018 erschien ein Bericht über eine neue Untersuchung zu den Folgen von Alkoholkonsum.[21] Er widmete sich jedoch nicht den Resultaten der Studie, sondern der Tatsache, dass die Studie frühzeitig beendet worden war. Bei dieser Studie, der ersten ihrer Art, sollten die Probanden sechs Jahre lang täglich ein Glas Alkohol trinken, während die Kontrollgruppe vollkommen abstinent bleiben musste.

Bereits zuvor hatten Kritiker bemängelt, dass die vom amerikanischen National Institutes of Health durchgeführte Studie größtenteils von der Alkoholindustrie finanziert wurde. Heineken, Carlsberg und andere Alkoholproduzenten hatten sich an den Kosten, die an die hundert Millionen betrugen, beteiligt.[22] Interne Untersuchungen stellten zudem fest, dass die an der Studie beteiligten Wissenschaftler der Alkoholindustrie versprochen hatten, mit ihren Forschungen, »die nötigen Beweise« dafür zu liefern, dass »Alkohol als Element einer gesunden Ernährungsweise« empfohlen werden könne.[23] Das Konzept der Studie bestand darin, die Vorteile des Alkohols zu zeigen und dessen schädlichen Folgen zu unterschlagen. Die Dauer des Experiments war vergleichsweise kurz, zieht man in Betracht, dass sich zahlreiche Krebsarten nur sehr langsam entwickeln. Zudem wurden bestimmte Personengruppen ausgeschlossen – beispielsweise Menschen, in deren Familien Krebserkrankungen vorkamen. Angeblich, um die Testpersonen keinem Risiko auszusetzen, doch reduzierte sich dadurch natürlich die Gefahr, bei den Alkoholkonsumenten Krebs zu finden.

Will man Zahlenmissbrauch erkennen, ist es wichtig, Denkfehler zu verstehen und das eigene Bauchgefühl zu begreifen. Doch die wichtigste Frage, die man sich stellen muss, lautet: Wer benutzt eigentlich die Zahlen? Und welchen Interessen dient das Ergebnis?

NACHWORT

So lassen sich Zahlen in ihre Schranken weisen

Immer wieder hat mich der schlechte Umgang mit Zahlen zur Verzweiflung gebracht: die dauernden Denkfehler, die Bauchgefühle mit ihren Fehleinschätzungen und die Interessenskonflikte, die dazu führen, dass die Wahrheit zurechtgebogen wird. Das alles ist nicht nur entmutigend, sondern auch jammerschade, gerade weil Zahlen dazu beitragen können, die Welt besser zu verstehen und sie sogar zu verbessern. Man sollte einfach sorgfältiger mit ihnen umgehen und sie genauso kritisch hinterfragen wie Wörter.

Es ist an der Zeit, Zahlen in ihre Schranken zu weisen. Seit ich meine Arbeit bei *De Correspondent* mit dem Ent-Ziffern begonnen habe, bin ich immer wieder auf engagierte Initiativen gestoßen, die genau das wollen – den Wahrheitsgehalt von Zahlen hinterfragen und den falschen Gebrauch von Zahlen kritisieren. Diese Initiativen zeigen, dass wir nicht machtlos sind.

Zum Beispiel ist in den letzten Jahren die Unzufriedenheit über die dominante Rolle des Bruttoinlandsprodukts vor allem in der Regierungspolitik gewachsen. Angesichts der Unzulänglichkeiten dieses Wertes denken Wissenschaftler und Organisationen über Alternativen nach, die das BIP ersetzen oder ergänzen könnten. Viele Länder messen mittlerweile etwa das

Bruttonationalglück (BNG)[1], und die OECD erfand den Better Life Index, der unter anderem den Zustand der Umwelt und des Arbeitsmarktes erfasst.[2]

Auch die Kritik an politischen Prognosen wird an vielen Orten aufgegriffen. Tom Louwerse, Politologe an der Universität von Leiden, hatte irgendwann genug von der aufgeregten Berichterstattung über Wahlprognosen, bei denen die vorausgesagten Ergebnisse teils nur den Unterschied von einen Sitz ausmachten. Unter dem Motto »eine einzige Prognose ist keine Prognose« veröffentlichte er einen Wegweiser für Wahlprognosen, bei dem er die Ergebnisse der wichtigsten niederländischen Wahlumfragen zusammentrug.[3] Seine Initiative erregte Aufsehen: Seit Dezember 2016 nutzt die Rundfunkanstalt NOS für ihre Wahlberichterstattung ausschließlich diesen *Peilingwijzer*.

Auch problematische Entwicklungen in der Wissenschaft, wie der Publikationsbias und das p-Hacking, werden in Angriff genommen. So können Ökonomen und Sozialwissenschaftler seit 2012 ihre Experimente bei der American Economic Association registrieren lassen, bevor sie mit ihrer Arbeit beginnen.[4] Auf diese Weise ist eindeutig klar, was sie erforschen wollen, und so müssen sie später nicht endlos nach signifikanten Ergebnissen suchen.

180 Weil Wissenschaftler natürlich lieber neue, spektakuläre Ergebnisse präsentieren, als bereits vorhandene Studien zu überprüfen, war früher die Wiederholung von Studien wenig populär. Das sieht man inzwischen anders. Das amerikanische Center for Open Science gründete etwa das Reproducibility Project für psychologische Studien.[5] 270 Wissenschaftler wiederholten Hunderte von Untersuchungen und stellten fest, dass die Ergebnisse geringer und oftmals weniger signifikant waren, als sie in der ursprünglichen Studie dargestellt worden waren. Es gibt bereits wissenschaftliche Fachzeitschriften, die

ausschließlich die Ergebnisse von Studien veröffentlichen, die zur Überprüfung älterer Experimente dienen.[6]

Doch was soll man tun, wenn man kein Entscheidungsträger oder Wissenschaftler ist? Was tun, wenn man die wachsende Bedeutung der Zahlen bedenklich findet? Veränderungen finden oft in der unmittelbaren Umgebung statt, in der Schule beispielsweise. In den Niederlanden hört man überall von der Dominanz der Cito-Testergebnisse (ein Bewertungssystem für schulische Leistungen) und der Tatsache, dass selbst bei der Kinderbetreuung schon Noten verteilt werden. Aber es gibt auch Lehrer und Schulen, die sich immer weniger auf solche Bewertungssysteme verlassen. Der Ökonomieprofessor Anton Nanninga hat beschlossen, seinen Studenten nicht mehr in Zahlen, sondern in Worten zu erklären, wie er ihre Arbeit bewertet. Nun könne er sich nicht mehr hinter einer Zahl verstecken, sagte er in einem Interview mit der Stiftung NIVOZ:»Ich muss jetzt gewissenhaft Feedback geben.«[7] Der Deutschlehrer Martin Ringenaldus verteilt ebenfalls keine Noten mehr.»Was für eine Erleichterung!«, schrieb er mir auf Twitter.»Die Schüler sind viel motivierter und die Atmosphäre hat sich entspannt (kein Prüfungsstress). Selbst das Erlernen der grammatischen Fälle geht leichter.«[8] Das sind zwar nur Einzelfälle, doch sie zeigen, dass man auf Zahlen auch verzichten kann.

Ein weiterer Ort, an dem Zahlen eine dominante Rolle spielen, ist der Arbeitsplatz. Durch die Fokussierung auf Projektziele, Checklisten und Leistungsindikatoren kann die Qualität der Arbeit beeinträchtigt werden. Auch hier sind Veränderungen möglich. Ein schönes Beispiel ist *Het Roer Moet Om*, eine Aktionsgruppe von Hausärzten, der es gelungen ist, in Zusammenarbeit mit den Krankenkassen Bürokratie im Praxisalltag abzubauen. Fast drei Viertel der niederländischen Hausärzte haben diese Initiative unterstützt.

Auch bei den Angestellten des großen niederländischen Luxus-Kaufhauses Bijenkorf spielen Zahlen eine wesentliche Rolle. In manchen Geschäften sind die Verkäufer dazu angehalten, die Kunden nach dem Einkauf um eine Beurteilung zu bitten – am liebsten mit Nennung des Namens des Verkäufers.[9] Ein Mitarbeiter berichtete der Nachrichtensendung »Nieuwsuur« von Kollegen, die ihre gesamte Verwandtschaft baten, ihnen eine positive Benotung zu geben.[10] Auch andere Medien berichteten über dieses System, bis Linda Vermeulen vom Niederländischen Gewerkschaftsbund FNV die Kunden von Bijenkorf dazu aufrief, ihrem Verkäufer jedes Mal die Bestnote zu vergeben. Die Aufregung half: Kunden können zwar noch immer ihre Meinung abgeben, doch die Verkäufer müssen sie nicht mehr um ein persönliches Feedback bitten.

Sogar gegen Big-Data-Algorithmen scheint Widerstand möglich, zum Beispiel durch die Initiative OpenSCHUFA.[11] Die Schufa gibt Informationen zu Bonität Dritter aus und ist die größte Wirtschaftsauskunftei Deutschlands. Die Kreditscores der Schufa haben beträchtliche Auswirkungen, aber die Firma weigert sich, den Algorithmus, mit dem sie diese Scores ermittelt, öffentlich zu machen. Doch weil es gesetzlich geregelt ist, dass man als Bürger seinen eigenen Bericht einsehen darf, riefen die Open Knowledge Foundation und AlgorithmWatch die Deutschen dazu auf, ihre Kreditberichte anzufordern und sie den beiden Initiativen zuzuschicken. Ziel war es, so viel Datenmaterial zu sammeln, dass man den Algorithmus nachbauen konnte. Innerhalb weniger Monate hatten über 25 000 Menschen ihren Bericht angefordert[12], Menschen, die verstehen wollten, was sich hinter den Zahlen verbirgt.

All diese Initiativen zeigen, dass die dominante Rolle von Zahlen in unserem Leben keine unumstößliche Notwendigkeit ist, sondern dass man sich ihr widersetzen kann. Ob man nun Journalist ist oder Entscheidungsträger, Lehrer oder Hausarzt, Polizist oder Statistiker – Zahlen beeinflussen unser aller Leben. Also haben wir auch das Recht zu wissen, wie sie zum Einsatz kommen. Wir Menschen haben die Zahlen erfunden. Wir tragen also auch die Verantwortung dafür, wie sie verwendet werden.

CHECKLISTE: WAS MAN TUN SOLLTE, WENN MAN AUF EINE ZAHL TRIFFT

Wenn etwa in den Nachrichten Zahlen auftauchen und man wissen will, ob diese Angaben zuverlässig sind, sollte man sich sechs Fragen stellen.[1] Können diese Fragen nicht beantwortet werden, weil die Quellenangaben fehlen, dann ist Skepsis angebracht. Wenn ein Forscher sich nicht die Mühe macht, seine Methoden deutlich darzulegen, ist es Zeitverschwendung, seinen Zahlen Beachtung zu schenken.

Frage 1: Wer legt die Zahl vor?
Ist es zum Beispiel ein Politiker, der mithilfe einer Statistik belegen will, wie erfolgreich seine Wirtschaftspolitik ist? Oder ist es der Nahrungsmittelkonzern Mars Incorporated, der mit einer Studie, die von ihm selbst finanziert wurde, beweisen will, dass Schokolade gesund ist? Dann sollte man sich auf die Suche nach weiteren Informationen machen.

Frage 2: Was empfinde ich angesichts der Zahl?
Ängstigt sie mich, macht sie mich wütend oder traurig? Man sollte eine Zahl niemals sofort akzeptieren oder für falsch halten, sondern sich der Tatsache bewusst sein, dass man bei

solchen spontanen Reaktionen einem Bauchgefühl folgt. Es ist ratsam, aus einer anderen Perspektive heraus nach weiteren Informationen zu suchen.

Frage 3: Wie wurde standardisiert?
Bezieht sich eine Zahl auf ein Gedankenkonstrukt wie das Wirtschaftswachstum oder die Intelligenz? Dann sollte man vorsichtig sein und folgende Fragen stellen: Welche (moralischen) Entscheidungen gehen den Messungen voraus? Wird die Zahl dazu benutzt, etwas Größeres darzustellen, als sie wirklich belegen kann? Man sollte aktiv nach Zahlen suchen, die das Konstrukt auf andere Weise messen.

Frage 4: Wie wurden die Daten erhoben?
Hierbei stellt man sich am besten vor, dass man selbst an der Studie teilnehmen würde. Sieht man sich mit Fragen konfrontiert, die in eine bestimmte Richtung weisen? Gibt es Umstände, die einen daran hindern, die Fragen wahrheitsgemäß zu beantworten? Dann sollte man den Zahlen gegenüber argwöhnisch sein. Ist die Stichprobe möglicherweise willkürlich zustande gekommen? Dann besteht die Gefahr, dass die Zahlen nur für die spezifische Gruppe gelten, die an der Studie teilgenommen hat.

Frage 5: Wie wurden die Daten analysiert?
Sollen die Zahlen einen kausalen Zusammenhang nachweisen? Dann sollte man sich drei Fragen stellen: Könnte nicht doch ein Zufall die Ursache sein? Gibt es noch andere Faktoren, die eine Rolle spielen, aber nicht genannt werden? Könnte der kausale Zusammenhang sich nicht auch umgekehrt verhalten? Außerdem sollte man keine Studie von vornherein für wahr halten. Besser ist es, nach Metastudien zu suchen, die erkennen lassen, in welche Richtung das gesamte Forschungsfeld

tendiert. Oder man orientiert sich an den Ergebnissen anerkannter Meinungsforschungsinstitute.

Frage 6: Wie werden die Zahlen präsentiert?
Zum Schluss noch einige der häufigsten Fehler, die bei der Präsentation von Zahlen gemacht werden:

- Der **Durchschnitt**: Verfälschen Ausreißer die Durchschnittswerte nach oben oder nach unten? Dann sagt die Zahl nicht viel über die tatsächliche durchschnittliche Situation aus.
- Eine **genaue Zahl**: Zahlen sind oft ungenau. Dafür gibt es viele Gründe. Man sollte sich von einer scheinbaren Genauigkeit nicht in die Irre führen lassen.
- Eine **Bestenliste**: Die aufeinanderfolgenden Stellen in einer Liste sagen nicht viel aus, da die Fehlerspanne zu groß ist.
- Ein **Risiko**: Die Aussage, es bestehe ein um x Prozent erhöhtes Risiko, an einer bestimmten Krankheit zu erkranken, ist wertlos, wenn der Ausgangswert nicht bekannt ist. Ist das Erkrankungsrisiko von vornherein klein, ist die Zunahme um x Prozent auch klein.
- Eine **Grafik**: Eine merkwürdig dargestellte vertikale Achse kann die Resultate verzerren. Es ist darauf zu achten, dass sie weder langgezogen noch gestaucht erscheint.

187

Ich setze meine Forschungen nach den Zahlen fort. Mehr lesen? Gehe zu **decorrespondent.nl/sanneblauw**.

QUELLEN UND LESETIPPS

Teile des Buchs sind bereits auf der Webseite von *De Correspondent*, auf meinem Blog *Out of the Blauw*[1] und auf dem Blog von *Oikocredit Nederland* erschienen.[2]
Ich wollte ein Buch für möglichst viele Leser schreiben. Deshalb ist es sehr kompakt und ich musste darauf verzichten, einige Themen ausführlicher zu behandeln. Aber zum Glück gibt es viele wunderbare Bücher zum Missbrauch von Statistiken, zur Geschichte unserer zahlenbasierten Gesellschaft und zu weiteren Themen, die in meinem Buch auftauchen.

Trotz der fragwürdigen Vergangenheit Darrell Huffs bleibt sein Buch *Wie lügt man mit Statistik* eine empfehlenswerte Lektüre. Die deutsche Ausgabe ist allerdings nur noch antiquarisch zu erhalten. Auch *Proofiness* von Charles Seife[3] und *How Not to Be Wrong*[4] von Jordan Ellenberg kann ich nur empfehlen, wenn man sich dem Thema auf Englisch widmen möchte. Wer interessiert ist am missbräuchlichen Einsatz von Statistiken in den Medien, dem empfehle ich die BBC-Radiosendung *More or Less*[5] oder die Faktencheck-Rubriken, die es inzwischen in vielen Zeitungen gibt. Wer Niederländisch beherrscht, findet im Blog *PeilingPraktijken*[6] und im Polit-Blog *StukRoodVlees*[7] zahlreiche Informationen.

Wer mehr erfahren will über unsere zahlenbasierte Gesellschaft, dem rate ich zur Lektüre von *Seeing Like a State* von James Scott und *Eine kurz Geschichte der Menschheit* von Yuval Noah Harari. Zur Geschichte des IQ-Tests empfehle ich *Der falsch vermessene Mensch* von Stephen Jay Gould. Über das

Bruttoinlandsprodukt erzählt auf wunderbare Weise Diane Coyle in *GDP: A Brief but Affectionate History*. Eine historische Einstiegsperspektive auf Meinungsumfragen und Prognosen liefert *The Averaged American* von Sarah Igo, wer mehr wissen will über Sex als Forschungsgegenstand, dem rate ich zu *Sex by Numbers* von David Spiegelhalter. Die Praktiken der Zigarettenindustrie werden nicht nur in Robert Proctors *Golden Holocaust* dargestellt, sondern auch in Naomi Oreskes und Erik Conway *Die Machiavellis der Wissenschaft*. Wer mehr über Big Data und Algorithmen erfahren möchte, der greife zu Cathy O'Neils *Angriff der Algorithmen* oder *Je hebt wél iets te verbergen* von meinen Kollegen bei *De Correspondent* Maurits Martijn und Dimitri Tokmetzis.[8] Daniel Kahneman stellt in *Schnelles Denken, langsames Denken* die psychologischen Prozesse beim Interpretieren von Zahlen vortrefflich dar.[9] Und *Superforecasting* von Philip Tetlock und Dan Gardner beschreibt, welche Rolle unsere Psyche bei Prognosen und bei der Interpretation der Wirklichkeit spielt.[10]

Und schließlich will ich nicht verschweigen, dass ich folgende Biografien mit großem Vergnügen gelesen habe: *One Man's Medicine* von Archibald Cochrane und Max Blythe, *Florence Nightingale* von Mark Bostridge und *Alfred C. Kinsey* von James Jones.

DANK

Ein Buch ist mehr als eine lose Ansammlung von Seiten. Schreiben bedeutet mehr, als möglichst viele Wörter zu tippen. Obwohl nur mein Name auf dem Einband steht, ist dieses Buch das Produkt vieler Menschen aus meinem Umfeld. Um ein Kind großzuziehen, braucht es ein ganzes Dorf, lautet eine Redensart. Im Falle dieses Buchs wäre dies wohl eher eine mittelgroße Kreisstadt.

Zuallererst möchte ich allen Mitarbeitern von *De Correspondent* danken. Ihr habt mich in all den Jahren auf Ideen gebracht, mein Denken geschärft und mir das Vertrauen gegeben, dass dieses Thema ein Buch verdient. Was für ein Glück, dass ich meine Arbeitstage in einer so warmherzigen und neugierigen Gemeinschaft verbringen darf.

Warmherzigkeit und Neugier fand ich auch beim Netherlands Institute for Advanced Study, bei dem ich fünf Monate als Journalist-in-residence an diesem Buch arbeiten durfte. Dank der übrigen Fellows und den NIAS-Mitarbeitern gelang es mir, mich ganz in meinen Stoff vertiefen und dieses Buch zu schreiben. Vielen Dank an den Fonds Bijzondere Journalistieke Projecten, der diese Erfahrung ermöglicht hat.

Auf einen Aufruf in meinem Newsletter, die Kapitel gegenzulesen, haben sich Dutzende Leser gemeldet. Ich war überwältigt. Mein Dank gilt Berend Alberts, Gerard Alberts, Lotte van Dillen, Eefje Dons, Marcel Haas, Eva de Hullu, Jenneke Krüger, Anke Richters, Judith ter Schure, Eduard van Valkenburg und Joris van Vugt für ihre außerordentlich hilfreichen Anmerkungen.

Vielen Dank auch an Casper Albers, Anna Alberts, Jelke Bethlehem, Rogier Creemers, Ninette van Hasselt, Wanda de Kanter, Daniël Lakens, Tom Louwerse, Marijke van Mourik und Daniel Mügge für die fachkundige Lektüre des Manuskripts. In dieses Buch sind außerdem Empfehlungen von Barbara Baarsma, Rutger Bregman, Pieter Derks, José van Dijck, Femke Halsema, Bas Haring, Rosanne Hertzberger und Ionica Smeets eingeflossen. Vielen Dank, dass ihr in euren überfüllten Kalendern noch Platz gefunden habt, um mein Buch zu lesen.

Und natürlich danke ich meinen Kollegen von *De Correspondent*. Vor vier Jahren kannte ich euch nur als Zeichnungen, jetzt seid ihr zu Menschen aus Fleisch und Blut geworden. Ihr seid für mich viel mehr als nur Arbeitskollegen. Danke für eure Unterstützung und die Geselligkeit.

Rob Wijnberg möchte ich für den Titel, den er sich ausgedacht hat, danken und dafür, dass ich in meinem Traumberuf arbeiten kann. Ebenfalls danken möchte ich Dimitri Tokmetzis für seine kritischen Kommentare zu meinem Manuskript. Maite Vermeulen, die mir so viel über den Journalismus beigebracht hat und die eine teure Freundin geworden ist, gilt mein Dank genauso wie Rutger Bregman, Freund und Mentor.

Ich war verblüfft, mit wie viel Sorgfalt und Liebe mein Buch herausgegeben wurde. Dank Harald Dunnink (Gestaltung) und Tim Beijer (Produktion) ist es bis ins letzte Detail schön geworden. Leon Postma hat den prachtvollen Umschlag entworfen, sich mit großer Aufmerksamkeit um die Seitengestaltung gekümmert und mit Leon de Korte die Grafiken erstellt. Danke an Annelieke Tillema für die präzise Korrektur der Fehler und an Veerle van Wijk, die die losen Enden zusammengefügt hat.

Mein größter Dank aber gilt dem »harten Kern«. Andreas Jonkers danke ich für den kritischen Blick und seine unermüdliche Begeisterung, womit er das Buch in der Öffentlichkeit bekannt machte.

Milou Klein Lankhorst, ich war noch ein Grünschnabel, als wir anfingen, über dieses Buch zu reden. Danke für dein Vertrauen, es ist eine Ehre, mit dir zusammenzuarbeiten.

Und Harminke Medendorp, du hast mich so oft während meiner einsamen Schreibstunden begleitet und mir so vieles beigebracht, was mich mein ganzes Autorenleben noch begleiten wird: Was bist du für ein großartiger Mensch.

Zu diesem Buch wäre es ohne meine große Liebe niemals gekommen: Middelburg, die Stadt, in der ich aufgewachsen bin. Ein Rückzugsort für eine Schriftstellerin, das klingt fast zu romantisch, aber ich wäre verrückt geworden, wenn meine Freunde und Verwandten mir nicht regelmäßig meinen Noise-Cancelling-Kopfhörer vom Kopf gerissen hätten.

Anna de Bruyckere, Carlotta van Hellenberg Hubar und Carlijn Janssen – wie wunderbar, dass ihr mich schon so viele Jahre durch das Leben begleitet. Danke für euren Humor, euer aufmerksames Zuhören und euer Vertrauen.

Hylke Blauw und Marieke Langen, ihr und eure Kinder sind der Lichtblick meines Lebens. Sagt Mies, Pia und Pepijn, dass Tante Sannie bald wieder auf sie aufpassen wird.

Jurre Blauw und Jetje Blauw-Lindo, danke, dass ihr mich gebeten habt, euch bei etwas zu begleiten, das noch aufregender und bedrohlicher ist, als ein Buch zu schreiben. Der Tag, an dem ich eure Trauzeugin sein durfte, gehört zu den schönsten Tagen meines Lebens.

Tjeerd Blauw und Dominique Willemse, ich bin euch für die vielen gemeinsamen Mittagessen in Middelburg dankbar. Ich verspreche, dass ich mir rasch einen Plan ausdenken werde, der es mir erlaubt, mich wieder täglich an euren Tisch zu setzen.

Marijke van Mourik. Mama. Dieses Buch ist nicht umsonst Dir gewidmet. Du lehrst mich zu leben. Dankeschön.

ANMERKUNGEN

Vorwort

1 Über meine Begegnung mit Juanita habe ich bereits in meinem Blog *Out of the Blauw* und im Blog von *Oikocredit Nederland* geschrieben. Da ich sie nicht mehr erreichen konnte, um ihr das Kapitel zur Prüfung vorzulegen, habe ich ihr ein Pseudonym gegeben.

2 Ich benutze »Ziffer« und »Zahl« synonym.

1. Zahlen können Leben retten

1 Mark Bostridge, *Florence Nightingale – The Woman and Her Legend*, New York 2008; Cara Giaimo, »Florence Nightingale Was Born 197 Years Ago, and Her Infographics Were Better Than Most of the Internet's«, *Atlas Obscura*, Mai 2017.

2 Florence Nightingale, *Notes on Matters Affecting the Health, Efficiency, and Hospital Administration of the British Army*, London 1858. Nightingale nutzte Daten, die von britischen und französischen Statistikern zusammengetragen worden waren. Vgl. Lynn McDonald, »Florence Nightingale, Statistics and the Crimean War«, *Statistics in Society*, Mai 2013.

3 Hugh Small, »Florence Nightingale's Hockey Stick«, *Royal Statistical Society*, 7. Oktober 2010.

4 Iris Veysey, »A Statistical Campaign: Florence Nightingale and Harriet Martineau's England and her Soldiers«, *Science Museum Group Journal*, 3. Mai 2016.

5 Harold Raugh, *The Victorians at War, 1815–1914: An Encyclopedia of British Military History*, Santa Barbara 2004.

6 Lynn McDonald, *Florence Nightingale and Hospital Reform: Collected Works of Florence*, Waterloo (Kanada) 2012, S. 442.

7 Hugh Small, »Florence Nightingale's Statistical Diagrams«, Vortrag für eine Konferenz im Florence Nightingale Museum, London 18. März 1998.

8 In den Niederlanden geschah dies seit 1811. Doch das System wurde bereits 1796 von den Franzosen in einigen Landstrichen eingeführt.

9 Ian Hacking, »Biopower and the Avalanche of Printed Numbers«, *Humanities in Society*, 1982.

10 Meg Leta Ambrose, »Lessons from the Avalanche of Numbers: Big-Data in Historical Perspective«, *Journal of Law and Policy for the Information Society*, 2015.

11 Vgl. Yuval Noah Harari, *Eine kurze Geschichte der Menschheit*, München 2013, S. 165 ff.

12 James Scott, *Seeing Like a State*, New Haven 1998.

13 Ken Alder, »A Revolution to Measure: The Political Economy of the Metric System in France«, *Values of Precision*, New Jersey 1995, S. 39–71.

14 G.J.C. Nipper, *18 eeuwen meten en wegen in de Lage Landen*, Zutphen 2004.

15 Alder, »A Revolution to Measure«, S. 39–71.

16 Diese Anmerkung stammt von James Scott: »For centralizing elites, the universal meter was to older, particularistic measurement practices as a national language was to the existing welter of dialects.«

17 *Mars Climate Orbiter Mishap Investigation Board, Phase I Report*, 10. November 1999.

18 Es war die Zeit der Aufklärung und der »wissenschaftlichen Revolution«, in der die Wissenschaftler von der Ratio und den universell geltenden Prinzipien ausgingen.

19 »Appendix G: Weights and Measures«, *CIA World Factbook* (Stand: 26. Juli 2018).

20 Ambrose, »Lessons from the Avalanche of Numbers«.

21 Zitat aus Hackings Artikel »Biopower and the Avalanche of Printed Numbers«, *Humanities in Society*, 1982. Darin beschreibt er auch die Liste mit Krankheiten, die William Farr mit seinen Kollegen erstellt hatte.

22 Yuval Noah Harari schreibt in *Eine kurze Geschichte der Menschheit* über unsere Zahlenwut, dass die mathematische Schrift sich »zur vorherrschenden Weltsprache entwickelt« habe; Harari, *Eine kurze Geschichte der Menschheit*, S. 165.

23 Hans Nissen, Peter Damerow und Robert Englund, *Archaic Bookkeeping: Early Writing and Techniques of Economic Administration in the Ancient Near East*, Chicago 1994.

24 »Census«, Wikipedia (Stand: 26. Juli 2018).

25 Jelke Bethlehem, »The Rise of Survey Sampling«, *Centraal Bureau voor de Statistiek*, Den Haag 2009.

26 Ian Hacking nennt das Wachstum in dieser Periode »exponentiell«, in: »Biopower and the Avalanche of Printed Numbers«. Der Rest dieses Abschnitts basiert auf Hackings Artikel.

27 »General Register Office«, Wikipedia (Stand: 28. Juli 2018).

28 Hacking, »Biopower and the Avalanche of Printed Numbers«.

29 Ich stütze mich hier auf Todd Rose, *De mythe van het gemiddelde*, Amsterdam 2016.

30 So bezeichnete Nightingale Quetelet in einem an ihn gerichteten Brief. Gustav Jahoda, *Quetelet and the Emergence of the Behavioral Sciences*, SpringerPlus 2015.

31 Diese Revolution führte zu der Unabhängigkeit Belgiens von den Niederlanden.

32 Quetelet sah in dem »Durchschnittsmenschen« nicht nur ein statistisches Phänomen, sondern ein Idealbild des Menschen.

33 Stephen Stigler, »Darwin, Galton and the Statistical Enlightenment«, *Journal of the Royal Statistical Society*, 2010.

34 Ich habe Archibald Cochrane dank des Buchs *Superforecasting* von Philip Tetlock und Dan Gardner, New York 2016, entdeckt. Dieser Abschnitt basiert auch auf Cochranes Autobiografie *One Man's Medicine*, London 1989, die er gemeinsam mit Max Blythe geschrieben hat.

35 Marcus White, »James Lind: The Man who Helped to Cure Scurvy with Lemons«, *BBC News*, 4. Oktober 2016. Heute weiß man, dass Zitrusfrüchte Vitamin C enthalten, wodurch Skorbut vorgebeugt oder bekämpft werden kann.

36 »Nutritional Yeast«, Wikipedia (Stand: 26. Juli 2018).

37 Cochrane erläutert in seiner Biografie nicht, welche Folgen er meinte.

38 Vgl. Cochrane, *One Man's Medicine*, London 1989. Die Anekdote wird auch in *Superforecasting* von Philip Tetlock und Dan Gardner geschildert.

39 David Isaacs, »Seven Alternatives to Evidence Based Medicine«, *BMJ*, 18. December 1999

40 Man nennt dies auch »kognitive Dissonanz«.

41 Vgl. Vinayak Prasad und Adam Cifu, *Ending Medical Reversal*, Baltimore 2015. Die Wissenschaftler nahmen sich alle Artikel vor, die in den vorangegangenen zehn Jahren in einer bestimmten wissenschaftlichen Zeitschrift erschienen waren. Sie kamen zu einem schockierenden Ergebnis: Bei knapp 140 Fällen schienen

die allgemein akzeptierten Heilverfahren nicht zu funktionieren. Siehe Prasad et al., »A Decade of Reversal: An Analysis of 146 Contradicted Medical Practices«, *Mayo Clinical Proceedings*, 18. Juli 2013.

42 Sanne Blauw, »Vijf woorden die volgens statistici de wereld kunnen redden«, *De Correspondent*, 10. Februar 2017.

43 Anushka Asthana, »Boris Johnson Left Isolated as Row Grows over £350m Post-Brexit Claim«, *The Guardian*, 17. September 2017.

44 »Called to Account«, *The Economist*, 3. September 2016.

2. Die dumme Diskussion über den Zusammenhang von IQ und Hautfarbe

1 Zur Geschichte des IQ-Tests berufe ich mich auf Stephen Jay Gould, *Der falsch vermessene Mensch*, Berlin 2016, S. 212 ff. Goulds Ausführungen wurden später in Zweifel gezogen, doch die Kritik bezog sich nicht auf seine Geschichte des IQ-Tests. Wer darüber mehr erfahren will, dem rate ich zur Lektüre von Jason Lewis, David DeGusta, Marc Meyer, Janet Monge, Alan Mann und Ralph Holloway: »The Mismeasure of Science: Stephen Jay Gould versus Samuel George Morton on Skulls and Bias«, *PLoS Biol* 9(6), 7. Juni 2011. Außerdem Michael Weisberg und Diane Paul, »Morton, Gould, and Bias: A Comment on ›The Mismeasure of Science‹«, *PLoS Biol*, Vol. 14(4), April 2016.

2 E. G. Boring, Yerkes' Assistent, wählte 160 000 Tests aus und analysierte deren Ergebnisse.

3 Interview mit Yernaz Ramautarsing von Jeroen Pen, »Racisme? Het gaat op de arbeidsmarkt om IQ«, *Brandpunt+*, 9. Juni 2016.

4 Vgl. dazu Gavin Evans, »The Unwelcome Revival of *Race Science*«, *The Guardian*, 2. März 2018.

5 Margalit Fox, »Arthur R. Jensen Dies at 89; Set Off Debate About I.Q.«, *The New York Times*, 1. November 2012.

6 Richard Herrnstein und Charles Murray, *The Bell Curve. Intelligence and Class Structure in America*, New York 1994.

7 Nicholas Wade, *A Troublesome Inheritance. Genes, Race and Human History*, New York 2014. 140 Genetiker unterzeichneten einen Protestbrief, in dem sie sich gegen Wades Ansichten aussprachen, vgl. »Letters: ›A Troublesome Inheritance‹«, *The New York Times*, 8. August 2014.

8 Vgl. Gould, *Der falsch vermessene Mensch*.

9 Einer der Tester erinnert sich: »Es ist rührend zu sehen, wie sehr sich die Soldaten anstrengten […], um die Fragen zu beantworten. Männer, die noch niemals einen Bleistift in Händen gehalten hatten.« Das Zitat stammt aus: Daniel Kevles, »Testing the army's intelligence: psychologists and the military in World War I«, in *The Journal of American History*, Vol. 55(3), Dezember 1968. Vgl. Gould, S. 223f.

10 Die Diskriminierung mithilfe von Quoten geschah subtil: Die Quote wurde auf Basis der sich bereits in den USA befindlichen Immigranten aus dem jeweiligen Land errechnet. Doch bezog man sich nicht auf Daten aus der kurz vorher durchgeführten Volkzählung von 1920, sondern auf die Ergebnisse der Volkszählung von 1890. Damals befanden sich aber vergleichsweise wenig Süd- und Osteuropäer in den USA.

11 Allan Chase schätzt die Zahl auf sechs Millionen. Er vermutet, dass die Anzahl der Immigranten verglichen mit den Jahren vor 1924 gleichblieb. Vgl. Allan Chase, *The Legacy of Malthus. The social costs of the new scientific racism*, New York 1977.

12 Andrea DenHoed, »The Forgotten Lessons of the American Eugenics Movement«, *The New Yorker*, 27. April 2016.

13 Die moderne (wissenschaftliche) Literatur verwendet heute vorwiegend den Begriff Afroamerikaner zur Bezeichnung schwarzer Amerikaner.

14 Die Zahlen stammen aus: William Dickens und James Flynn, »Black Americans Reduce the Racial IQ Gap: Evidence from Standardization Samples«, *Psychological Science*, Vol. 17 (10), Oktober 2006. Ich stütze mich auf die Ergebnisse der Wechsler Adult Intelligence Scale aus dem Jahr 1995.

15 Malcolm Gladwell, »None of the Above. What I.Q. doesn't tell you about race.«, *The New Yorker*, 17. Dezember 2007.

16 David Reich, »How Genetics Is Changing Our Understanding of Race«, *The New York Times*, 23. März 2018.

17 D'Vera Cohn, »Millions of Americans Changed their Racial or Ethnic Identity from One Census to the Next«, *Pew Research Center*, 5. Mai 2014.

18 Zur Ermittlung der IQ-Ergebnisse wird eine repräsentative Stichprobe einem Test unterzogen und die Ergebnisse so umgerechnet, dass eine »Normalverteilung« mit einem Durchschnittswert von 100 Punkten entsteht und 68 Prozent der getesteten Menschen einen Wert zwischen 85 und 115 Punkten erreichen.

19 »Inkomens van personen«, cbs.nl (Stand: 6. September 2018).

20 Vgl. Gould, *Der falsch vermessene Mensch*, S. 213.

21 Vgl. dazu Harari, *Eine kurze Geschichte der Menschheit*.

22 Zur Geschichte des BIP vgl. Diane Coyle, *GDP: A Brief but Affectionate History*, Princeton 2014.

23 Allgemein gilt Kuznets als Erfinder des BIP. Aber er ging von bereits existierenden Messmethoden aus, wie sie beispielsweise der englische Statistiker Colin Clark entwickelt hatte.

24 Simon Kuznets, »National Income, 1929–1932«, *National Bureau of Economic Research*, 7. Juni 1934.

25 Genaugenommen war es nicht das Bruttoinlandsprodukt (BIP), sondern das Bruttonationaleinkommen (BNE). Das BNE misst »alle von Inländern erwirtschafteten Einkommen (egal ob im Inland oder im Ausland erzielt)«, wogegen das BIP »alle im Inland erwirtschafteten Einkommen (egal ob von Inländern oder von Ausländern erzielt)« umfasst. Vgl. https://de.wikipedia.org/wiki/Bruttonationaleinkommen.

26 Laut dem Central Planning Bureau, das in den Niederlanden die Wirtschaft analysiert, befindet sich das Land in einer Rezession, wenn das BIP über zwei Quartale hinweg oder länger schrumpft.

27 Vgl. meinen Artikel: »Hoe precieze cijfers ons misleiden en de geschiedenis bepalen«, *De Correspondent*, 1. Dezember 2015.

28 Enrico Berkes und Samuel Williamson, »Vintage Does Matter: The Impact and Interpretation of Post War Revisions in the Official Estimates of GDP for the United Kingdom«, https://www.measuringworth.com/datasets/UKdata/UKGDPs.pdf. (Stand: 21.5.2019) Übrigens wurde die Datenbasis jedes Jahr aktualisiert, wodurch die Veränderungen zum Vorjahr sichtbar wurden.

29 Shane Legg und Marcus Hutter, »A collection of definitions of intelligence«, *Frontiers in Artificial Intelligence and Applications*, Vol. 157, 2007, S. 17–24.

30 Zitiert nach: Stefan Betschon: »Warten auf die Intelligenzexplosion«, *Neue Zürcher Zeitung*, 21.12.2018.

31 »Wechsler Adult Intelligence Scale«, *Wikipedia*, https://en.wikipedia.org/wiki/Wechsler_Adult_Intelligence_Scale, (Stand: 30. Juli 2018).

32 Zur Geschichte von Luria vgl. den TED Talk von James Flynn aus dem März 2013, »Why Our IQ Levels Are Higher than Our Grandparents'«, https://www.youtube.com/watch?v=9vpqilhW9uI. Außerdem: Alexander Luria, Michael Cole und Karl Levitin,

The Autobiography of Alexander Luria: A Dialogue with The Making of Mind, New York und London 2010.

33 Vgl. dazu Robert Kennedys Rede über das BIP vom 18. März 1968, https://www.jfklibrary.org/learn/about-jfk/the-kennedy-family/robert-f-kennedy/robert-f-kennedy-speeches/remarks-at-the-university-of-kansas-march-18-1968.

34 Anne Roeters, »Een week in kaart«, *Sociaal en Cultureel Planbureau*, 2017.

35 Tucker Higgins, »Trump Suggests Economy Could Grow at 8 Or 9 Percent If He Cuts the Trade Deficit«, *CNBC*, 27. Juli 2018.

36 So dürfen beispielsweise das Haushaltsdefizit 3 Prozent des BIP und die Staatsverschuldung 60 Prozent des BIP nicht übersteigen. Je höher das BIP, desto leichter kann ein Land diese Bedingungen erfüllen.

37 Bei zahlreichen Traineeships in der Privatwirtschaft oder bei der öffentlichen Hand werden »Assessments« abgehalten, zu denen auch IQ Tests oder eine vergleichbare Befragung gehören.

38 Vgl. Gould, *Der falsch vermessene Mensch*, S. 283 f.

39 Spearman benutzte die Methode der »Faktorenanalyse«. Dabei wird eine große Datenmenge auf eine Anzahl gemeinschaftlicher Faktoren reduziert. Spearman war der Ansicht, dass ein einzelner Faktor zur Erklärung mehrerer Unterschiede zwischen den Kindern genüge, ebd., S. 284

40 Ebd.

41 Charles Spearman, »General Intelligence Objectively Measured and Determined«, *The American Journal of Psychology*, Vol. 15 (2), April 1904, S. 201–292.

42 Edwin Boring, »Intelligence as the Tests Test It«, *New Republic*, Vol. 36, 1923, S. 35–37.

43 Zur Strafzettelquote vgl. meinen Artikel »Hoe de cijferdictatuur het werk van leraren, agenten en artsen onmogelijk maakt«, den ich zusammen mit Jesse Frederik verfasst habe, *De Correspondent*, 5. Januar 2016.

44 Peter Campbell, Adrian Boyle und Ian Higginson, »Should We Scrap the Target of a Maximum Four Hour Wait in Emergency Departments?«, *BMJ*, 25. Oktober 2017.

45 Zum Gesetz von Goodhart vgl. Marilyn Strathern, »›Improving Ratings‹: Audit in the British University System«, *European Review*, Vol. 5 (3), 1997, S. 305–321, sowie K. Alec Chrystal und Paul Mizen, »Goodhart's Law: Its Origins, Meaning and Implications for Monetary Policy«, in: Paul Mizen (Hg.), *Central Banking*,

Monetary Theory and Practice, Essays in Honour of Charles Goodhart, Volume One, Cheltenham u.a. 2003, S. 221–243.

46 Vgl. Gould, *Der falsch vermessene Mensch,* S. 162.

47 Kevin McGrew, »The Cattell-Horn-Carroll Theory of Cognitive Abilities«, in: D. P. Flanagan, J. L. Genshaft, & P. L. Harrison (Hg.), *Contemporary Intellectual Assessment: Theories, Tests, and Issues,* New York 1996, S. 136–182.

48 Vgl. dazu Coyle, *GDP: A Brief but Affectionate History.*

49 Der sogenannte Wirtschaftsnobelpreis ist strenggenommen kein Nobelpreis. Es handelt sich dabei eigentlich um den von der Schwedischen Reichsbank gestifteten Alfred-Nobel-Gedächtnispreis für Wirtschaftswissenschaften.

50 United Nations Development Programme, *Human Development Report 2016,* 2016. Bei diesen Zahlen ist es wichtig, nicht zu vergessen, dass ihnen eine Fehlerwahrscheinlichkeit inhärent ist. Ich werde im Kapitel 3 näher darauf eingehen. Es kann zum Beispiel vorkommen, dass die Zahlen statistisch nicht voneinander unterscheidbar sind, weil es in den Daten immer ein Rauschen gibt.

51 »Jinek«, *KRO-NCRV,* 21. Dezember 2017.

52 Maarten Back, »›AD publiceert alleen nog 75 beste oliebollenkramen«, *NRC,* 22. Dezember 2017.

53 Herm Joosten, »Voor patiënten is de AD ziekenhuis-lijst (vrijwel) zinloos«, *De Volkskrant,* 10. Oktober 2014.

54 Manchmal erfolgen Messungen auf der Basis versteckter moralischer Entscheidungen, was die Entwickler des HDI nicht voraussehen konnten. Der Wirtschaftswissenschaftler Martin Ravallion forschte über den HDI und traf auf Überraschendes: Ein Land, dessen Wert für die Lebenserwartung gesunken war, konnte einen steigenden HDI-Wert aufweisen, wenn das Durchschnittseinkommen nur um wenige Punkte zunahm. Weil eine Zahl mehrere Dimensionen in sich vereinigt, sind die Zahlen austauschbar geworden. Als Ravallion zu rechnen begann, war sein Resultat ziemlich absurd: Ein Menschenleben konnte nach dem HDI in einem Land weniger wert sein als in einem anderen. Den niedrigsten Wert für ein Menschenleben erzielte Simbabwe, dort entsprach ein Lebensjahr dem Gegenwert eines halben Euro. In reichen Ländern dagegen stieg der Wert eines Lebensjahrs in Einzelfällen auf mehr als 8000 Euro. Vgl. Martin Ravallion, »Troubling Tradeoffs in the Human Development Index«, *Journal of Development Economics,* Vol. 99 (2), November 2012, S. 201–209.

55 Zur Definition von Hunger vgl. meinen Artikel:»Waarom we veel minder weten van ontwikkelingslanden dan we denken«, *De Correspondent*, 30. Juni 2015.

56 Food and Agriculture Organization, *The State of Food Insecurity in the World*, 2012.

57 Flynn,»Why Our IQ Levels Are Higher than Our Grandparent's«.

58 Dieser Effekt war einigen Wissenschaftlern schon früher bei Stichproben aufgefallen, doch James Flynn war der Erste, der ihn strukturell erforschte.

59 Übrigens ist in einigen Ländern bereits ein Anti-Flynn-Effekt zu erkennen – der IQ nimmt ab. Bei IQ-Tests zwischen 1975 und 1990 erzielten norwegische Männer niedrigere Werte. Vgl. dazu Bernt Bratsberg und Ole Rogeberg,»Flynn Effect and Its Reversal Are Both Environmentally Caused«, *PNAS*, Vol. 115 (26), 26. Juni 2018, S. 6674–6678.

60 Yerkes benutzte den Begriff»moron« zur Bezeichnung der angeblich geistig zurückgebliebenen Immigranten. Dieser Begriff wird heute ausschließlich als Schimpfwort verwendet.

61 Carl Brigham, *A Study of American Intelligence*, Princeton 1923, zitiert nach Gould, *Der falsch vermessene Mensch*, 6. Auflage 2016, S. 247.

62 »Niemals!«, schrieb er 1912.»Was für ein feines Wort. Einige Philosophen aus neuerer Zeit scheinen diese bedauerlichen Wahrsprüche unterschrieben zu haben, wenn sie behaupten, die Intelligenz eines Individuums sei eine konstante Größe, die man niemals steigern könne. Gegen einen solchen Pessimismus müssen wir Einspruch erheben, da er zu weit geht; wir wollen ihn zu widerlegen suchen.« Siehe Gould, *Der falsch vermessene Mensch*, S. 165.

63 Coyle, *GDP: A Brief but Affectionate History*.

64 Gladwell,»None of the above«. Die Kursivierung stammt von Gladwell.

65 Anandi Mani, Sendhil Mullainathan, Eldar Shafir und Jiaying Zhao,»Poverty Impedes Cognitive Function«, *Science*, Vol. 341, 30. August 2013, S. 976–980.

66 Tamara Daley, Shannon Whaley, Marian Sigman, Michael Espinosa und Charlotte Neumann,»IQ On the Rise: The Flynn Effect in Rural Kenyan Children«, *Psychological Science*, Mai 2003.

67 William Dickens und James Flynn,»Black Americans Reduce the Racial IQ Gap: Evidence from Standardization Samples«, *Psychological Science*, 2006.

68 Angela Hanks, Danyelle Solomon, Christian Weller, »Systematic Inequality: How America's Structural Racism Helped Create the Black-White Wealth Gap«, *Center for American Progress*, 21. Februar 2018.

69 Alana Semuels, »Good School, Rich School; Bad School, Poor School«, *The Atlantic*, 25. August 2016, und Alvin Chang, »Living in a Poor Neighborhood Changes Everything about Your Life«, *Vox.com*, 4. April 2018.

70 Marianne Bertrand und Esther Duflo, »Field Experiments on Discrimination«, in: Abhijit Vinayak Banerjee und Esther Duflo (Hg.), *Handbook of Field Experiments*, Volume 1, Amsterdam 2017. Zu einem niederländischen Beispiel für dieses Experiment siehe Iris Andriessen, Barbara van der Ent, Manu van der Linden und Guido Dekker, *Op afkomst afgewezen*, Sociaal en Cultureel Planbureau, 17. Juni 2015.

3. Was uns eine schlüpfrige Sexstudie über Stichproben verrät

1 Truman war damals schon Präsident, weil er als Vizepräsident den Posten nach Franklin D. Roosevelts Tod übernommen hatte.

2 Die Zeitung vertraute dem Urteil des politischen Berichterstatters Arthur Sears Henning, der mit Umfragen und anderen Informationen den Wahlausgang vorausgesagt hatte. Siehe Craig Silverman, »The Untold Story of ›Dewey Defeats Truman‹«, *Huffington Post*, 5. Dezember 2008.

3 Michael Barbaro, »How Did the Media – How Did We – Get This Wrong?«, *The New York Times*, 9. November 2016.

4 Etwas präziser: Wang versprach, ein Insekt zu verzehren, wenn Trump mehr als 240 Wahlmänner gewinnen würde. Trump gewann 290. Siehe: Sam Wang, »Sound Bites and Bug Bites«, Princeton Election Consortium, 4. November 2016. Wang hatte den Tweet am 19. Oktober 2016 gepostet.

5 Alexandra King, »Poll Expert Eats Bug on CNN After Trump Win«, CNN, 12. November 2016.

6 Jelke Bethlehem, »The Rise of Survey Sampling«, *Centraal Bureau voor de Statistiek*, 2009.

7 Tom Smith, »The First Straw? A Study of the Origins of Election Polls«, *The Public Opinion Quarterly*, Vol. 54 (1), 1990, S. 21–36.

8 Smith meint, dass die Wahlen 1824 die ersten seit 1800 gewesen seien, die wirklich umkämpft waren. Nach 1800 wurden Ände-

rungen im Wahlrechtssystem eingeführt, wodurch die Wahlen nun
von einer Mehrheit der Bevölkerung entschieden wurden.

9   Sarah Igo, *The Averaged American: Surveys, Citizens and the
    Making of a Mass Public*, Cambridge, Mass., 2007

10 Das geschah nicht zum ersten Mal, schon 1936 hatte die Zeit-
    schrift *Literary Digest* – bis zu diesem Zeitpunkt die Autorität auf
    diesem Gebiet – vorausgesagt, dass Alf Landon gewinnen würde.
    Er verlor. *Literary Digest* wurde ein Jahr später eingestellt.

11 Alfred Kinsey, Wardell Pomeroy und Clyde Martin, *Sexual
    Behavior in the Human Male*, Philadelphia, 1948. Die deutsche
    Ausgabe erschien 1955.

12 Frederick Mosteller, *The Pleasures of Statistics: The Autobiography
    of Frederick Mosteller*, New York 2010.

13 David Spiegelhalter, *Sex by Numbers. What Statistics Can Tell Us
    About Sexual Behaviour*, London 2005.

14 Thomas Rueb, »Eén op de tien wereldburgers is homoseksueel«,
    nrc.nl, 24. Juli 2012.

15 Igo, *The Averaged American*.

16 Vgl. James Jones, *Alfred C. Kinsey: A Life*, New York 1997; Igo,
    The Averaged American; Spiegelhalter, *Sex by Numbers*.

17 Kinsey meinte ursprünglich, dass er für den Report 100 000 Inter-
    views benötigen würde. Später wollte er die Anzahl noch vergrö-
    ßern, doch dazu kam es nicht.

18 The Kinsey Institute for Research in Sex, Gender and Reproduc-
    tion, »The Kinsey Interview Kit«, 1985.

19 Ich habe »das erste Mal« in diesem Zitat kursiv gesetzt.

20 Spiegelhalter, *Sex by Numbers*.

21 Diese Zahlen stammen aus der NATSAL-3-Umfrage, die in
    Kapitel 3 von David Spiegelhalters, *Sex by Numbers*, zu finden ist.

22 Michele Alexander und Terri Fisher, »Truth and consequences:
    Using the bogus pipeline to examine sex differences in self-repor-
    ted sexuality«, *Journal of Sex Research*, Vol. 40(1), 2003, S. 27–35.
    Auch dieses Experiment wird in Kapitel 3 von Spiegelhalter,
    Sex by Numbers, geschildert. Die 2,6 Sexualpartner wurden bei
    einer Gruppe gezählt, bei der es möglich war, dass ein anderer
    Student über die Schulter schaute. Bei einer anderen Gruppe, die
    in einem separaten Raum saß, kam man durchschnittlich auf
    3,4 Sexualpartner.

23 Guy Harling, Dumile Gumede, Tinofa Mutevedzi, Nuala
    McGrath, Janet Seeley, Deenan Pillay, Till W. Bärnighausen und
    Abraham J. Herbst, »The Impact of Self-Interviews on Response

Patterns for Sensitive Topics: A Randomized Trial of Electronic Delivery Methods for a Sexual Behaviour Questionnaire in Rural South Africa«, *BMC Medical Research Methodology*, Vol. 17, 2017, S. 1–14.

24 Ich entdeckte diese Umfrage beim BBC-Radioprogramm »More or Less«, das am 5. Dezember 2017 ausgestrahlt wurde. Die Kritik, die ich hier und im Folgenden äußere, wurde dort auch zur Sprache gebracht. Tim Harford, der Radiomoderator, sprach mit Prithwiraj Mukherjee, die unter dem Namen @peelaraja auf Twitter schrieb: »If you are in my marketing research class and design such a survey I will fail you« (21. November 2016).

25 Jelke Bethlehem, »Terrorisme een groot probleem? Het is maar net hoe je het vraagt«, *peilingpraktijken.nl*, 2. Oktober 2014.

26 Spiegelhalter, *Sex by Numbers*.

27 Auf Seite 6 des Reports steht, dass die Anzahl schwarzer Männer (in der Studie) zu klein gewesen war, weshalb man keine Aussagen über sie treffen konnte.

28 »Internet Users per 100 Inhabitants«, *unstats.un.org* (Stand: 31. Juli 2018).

29 Jeffrey Arnett, »The Neglected 95%: Why American Psychology Needs to Become Less American«, *American Psychologist*, Vol. 63(7), Oktober 2008, S. 602–614.

30 Joseph Henrich, Steven Heine und Ara Norenzayan, »The Weirdest People in the World?«, *Behavioral and Brain Sciences*, Vol. 33 (2–3), Juni 2010, S. 61–83.

31 Eine mögliche Erklärung hierfür wäre, dass Menschen in der modernen Gesellschaft sich an rechte Winkel, wie bei Gebäuden und Plätzen, gewöhnt haben. Das Gehirn hat sich dafür bestimmte visuelle Tricks angeeignet, die dann aber bei der Müller-Lyer-Illusion im Wege sind.

32 Die folgenden Absätze stützen sich auf das Buch von Angela Saini, *Ondergeschikt. Hoe kennis over vrouwen ons misleidt en wat we daaraan kunnen doen*, Utrecht 2018.

33 United States Government Accountability Office, »Drug Safety: Most Drugs Withdrawn in Recent Years Had Greater Health Risks for Women«, 19. Januar 2001.

34 Cochrane, *One Man's Medicine*.

35 Dana Carney, Amy Cuddy und Andy Yap, »Power Posing: Brief Nonverbal Displays Affect Neuroendocrine Levels and Risk Tolerance«, *Psychological Science*, Vol. 21(10), Oktober 2010, S. 1363–1368.

36 Eva Ranehill, Anna Dreber, Magnus Johannesson, Susanne Lei-
berg, Sunhae Sul und Roberto Weber,»Assessing the Robustness
of Power Posing: No Effect on Hormones and Risk Tolerance in a
Large Sample of Men and Women«, *Psychological Science*, Vol 26 (5),
2015, S. 653–656. 2018 präsentierte Cuddy mit zwei Kollegen eine
Studie, die zeigen sollte, dass eine kraftvolle Pose positive Effekte
hat, doch als die Daten von anderen Forschern nochmals analysiert wurden, stellte sich erneut heraus, dass sich solche Effekte
nicht nachweisen lassen. Siehe: Marcus Crede,»A Negative Effect
of a Contractive Pose Is Not Evidence for the Positive Effect of
an Expansive Pose: Commentary on Cuddy, Schultz, and Fosse
(2018)«, unveröffentlichtes Manuskript, zu lesen auf *SSRN*
https://www.ssrn.com/index.cfm/en/ (12. Juli 2018).

37 Katherine Button, John Ioannidis, Claire Mokrysz, Brian Nosek,
Jonathan Flint, Emma Robinson und Marcus Munafò,»Power
failure: Why small sample size undermines the reliability of neuroscience«, *Nature Reviews Neuroscience* Vol. 14 (5), Mai 2013,
S. 365–376.

38 Vgl. Igo, *The Averaged American.*

39 Vielleicht haben Sie bemerkt, dass die Zahl 18 000 nicht mit den
11 000 Teilnehmern übereinstimmt, die in den beiden Reporten
vorkommen. Kinsey und seine Kollegen haben zwar 18 000 Personen interviewt, doch nicht alle Ergebnisse wurden in die
Reports aufgenommen, zum Beispiel die Antworten schwarzer
Männer oder von Personen, die erst nach Veröffentlichung der
Studie befragt worden waren.

40 Ein technischer Punkt: Man kann trotzdem einen nicht-repräsen-
tativen Durchschnitt der Bevölkerung bekommen, selbst durch
eine zufällige Auswahl. Doch indem man die Möglichkeit nutzt,
die Ergebnisse zu randomisieren, lässt sich das Maß der Repräsentativität quantifizieren.

41 Aus:»Kinsey«, Dokumentationsserie bei *American Experience*,
Erstausstrahlung 14. Februar 2015.

42 Die Umfrage wurde von DVJ Insights durchgeführt, einem Mei-
nungsforschungsinstitut, das über einen großen Pool an Befra-
gungswilligen verfügt. Siehe: Jelke Bethlehem,»Moet Zwarte Piet
zwart blijven?«, *peilingpraktijken.nl*, 16. November 2015.

43 Die Berechnungen sind folgendermaßen. Wenn die restlichen
60 Prozent alle gegenteiliger Meinung waren: $0,7 \times 0,25 +$
$0 \times 0,75 = 0,175$ (17,5 Prozent). Wenn die restlichen 60 Prozent
alle dafür waren: $0,7 \times 0,25 + 1 \times 0,75 = 0,925$ (92,5 Prozent).

44 Hierbei werden auch die Nichtteilnehmenden berücksichtigt, und man geht zudem davon aus, dass die Stichprobe repräsentativ ist und die Fragen korrekt gestellt wurden.

45 Gehen Sie auf www.aselector.nl zu »Onzekerheidsmarges berekenen« (»Fehlerspanne berechnen«). Geben Sie die Größe der »Population« (»populatie«) ein, die die Gruppe ausmacht, für die Sie sich interessieren. In diesem Fall: die amerikanischen Männer, das war in der Zeit von Kinsey sechzig Millionen. Die »Größe der Stichprobe« (»Omvang steekproef«) in diesem (hypothetischen) Beispiel ist gleich 100 und der »Prozentsatz in der Stichprobe« (»Percentage in de steekproef«) beträgt in diesem Fall 50 Prozent. Die daraus resultierende Fehlerspanne beträgt 9,8 Prozent, sodass der Prozentsatz bis zu 40,2 Prozent und bis zu 59,8 Prozent hätte betragen können. (Dies sind die Intervalle für 95 Prozent Zuverlässigkeit.)

46 Vgl. Jelke Bethlehem, »Heeft Jesse Klaver het Carré-debat wel gewonnen?«, *peilingpraktijken.nl*, 6. März 2017.

47 Natürlich hatten die Umfragewerte von Pechtold, Rutte und Krol auch Fehlerspannen.

48 David Weigel, »State Pollsters, Pummeled by 2016, Analyze What Went Wrong«, *The Washington Post*, 30. Dezember 2016.

49 Da Amerika ein System mit Wahlmännern aus den einzelnen Bundesstaaten nutzt, ist die Person, die die Mehrheit der abgegebenen Stimmen gewinnt (*popular vote*), nicht unbedingt der Gewinner der Präsidentschaftswahlen.

50 Ich habe mich hier für »ABC News« und *Washington Post* entschieden, weil deren Analysen von *FiveThirtyEight* mit A+ qualifiziert wird, die Bestnote, die die Webseite an eine Datenerfassung vergibt. Die Fehlerspanne von vier Prozent wird beispielsweise genannt in Scott Clement und Dan Balz, »Washington Post – ABC News Poll: Clinton Holds Four-Point Lead in Aftermath of Trump Tape«, *Washington Post*, 16. Oktober 2016.

51 Nate Silver, »The Real Story of 2016«, *fivethirtyeight.com*, 19. Januar 2017.

52 »NOS Nederland Kiest: De Uitslagen«, *NOS*, 18. März 2015. Stax machte diese Anmerkung um 2:07:50.

53 Jones, *Alfred C. Kinsey: A Life*.

54 John Bancroft, »Alfred Kinsey's Work 50 Years on«, in der neuen Ausgabe von *Sexual Behavior in the Human Female*, Bloomington 1998.

55 So nennt Jones den Mann in seiner Kinsey-Biografie.

56 Dieses und die folgenden Zitate stammen aus: Jones, *Alfred C. Kinsey: A Life.*

4. Rauchen verursacht Lungenkrebs (und Babys werden trotzdem nicht vom Storch gebracht)

1 Vgl. dazu: Robert Proctor, *Golden Holocaust: Origins of the Cigarette Catastrophe and the Case for Abolition*, Berkeley 2012; Naomi Oreskes und Erik Conway, *Merchants of Doubt: How a Handful of Scientists Obscured the Truth on Issues from Tobacco Smoke to Global Warming*, New York 2011, und Tim Harford, »Cigarettes, Damn Cigarettes and Statistics«, *Financial Times*, 10. April 2015.

2 Ernest Wynder, Evarts Graham und Adele Croninger, »Experimental Production of Carcinoma with Cigarette Tar«, *Cancer Research*, Vol. 13, Dezember 1953, S. 855–864.

3 »Background Material on the Cigarette Industry Client«, ein Memo vom 15. Dezember 1953, findet sich mit vielen anderen Dokumenten der Tabakkonzerne in der Industry Documents Library der University of California in San Francisco.

4 Mit Ausnahme der Tabakfirma Ligget & Myers, die es vorzog, das Ganze zu ignorieren.

5 »A Frank Statement to Cigarette Smokers«, 4. Januar 1954, https://en.wikisource.org/wiki/A_Frank_Statement_to_Cigarette_Smokers.

6 Oreskes und Conway, *Merchants of Doubt*, S. 15.

7 Darrell Huff, *How to Lie with Statistics*, New York, 1993.

8 Vgl. dazu J. Michael Steele, »Darrell Huff and Fifty Years of *How to Lie with Statistics*«, *Statistical Science*, Vol. 20 (3), 2005, S. 205–209.

9 »NUcheckt: Helpt gin-tonic tegen hooikoorts?«, *NU.nl*, 3. Mai 2018.

10 Anouk Broersma, »Wegscheren schaamhaar vergroot kans op soa«, *De Volkskrant*, 6. Dezember 2016.

11 Liesbeth De Corte, »Chocolade is wél gezond, maar enkel en alleen de pure variant«, *AD*, 5. Mai 2018.

12 Joop Schat, Francien Bossema, Mattijs Numans, Ionica Smeets und Peter Burger, »Overdreven gezondheidsnieuws: Relatie tussen overdrijving in academische persberichten en in nieuwsmedia«, *Nederlands Tijdschrift voor Geneeskunde*, Vol. 162, 2018.

13 Jonathan Schoenfeld und John Ioannidis, »Is Everything We Eat Associated with Cancer? A Systematic Cookbook Review«,

American Journal of Clinical Nutrition, Vol. 97 (1), Januar 2013, S. 127–134.

14 Vgl. zur Geschichte mit Paul auch meinen Artikel: »Deze statistische fout wordt in bijna elk debat gemaakt (en zo pik je haar eruit)«, *De Correspondent,* 8. März 2016.

15 Vgl. die Angaben zur Gewinnwahrscheinlichkeit unter https://www.lottozahlenonline.de/gewinnwahrscheinlichkeiten-beim-lotto-6-aus-49.php. Die Rechnungsbeispiele beziehen sich auf die am 4. Mai 2013 angepassten Gewinnklassen.

16 http://www.tylervigen.com/spurious-correlations.

17 Randall Munroe, »Significant«, *xkcd.com,* https://www.xkcd.com/882/.

18 Brian Wansink, David Just und Collin Payne, »Can Branding Improve School Lunches?«, *Archives of Pediatrics and Adolescent Medicine,* Vol. 166 (10), Oktober 2012, S. 967–968.

19 Brian Wansink und Koert van Ittersum, »Portion Size Me: Plate-Size Induced Consumption Norms and Win-Win Solutions for Reducing Food Intake and Waste«, *Journal of Experimental Psychology: Applied,* Vol. 19 (4), Dezember 2013, S. 320–332.

20 Stephanie Lee, »Here's How Cornell Scientist Brian Wansink Turned Shoddy Data into Viral Studies about How We Eat«, *BuzzFeed News,* 25. Februar 2018.

21 Ebd.

22 Cochrane, *One Man's Medicine.*

23 Vgl. dazu meinen früheren Artikel: »Deze statistische fout wordt in bijna elk debat gemaakt (en zo pik je haar eruit)«, *De Correspondent,* 8. März 2016.

24 Integraal Kankercentrum Nederland, »Borstsparende therapie bij vroege borstkanker leidt tot betere overleving«, 10. Dezember 2015.

25 Vgl. dazu die Übersicht der Publikationen: Borstkankervereniging Nederland, »Is borstsparend opereren en bestralen beter dan amputeren?«, 15. Dezember 2015.

26 Marissa van Maaren, Linda de Munck, Luc Strobbe und Sabine Siesling, »Toelichting op berichtgeving over onderzoek naar borstkankeroperaties«, *Integraal Kankercentrum Nederland,* 17. Dezember 2015.

27 Ronald Veldhuizen, »Zijn borstamputaties tóch gevaarlijker dan borstsparende operaties?«, *De Volkskrant,* 17. Dezember 2015.

28 Auch hier könnte ein dritter Faktor mitspielen: Rauchen. Raucher sind im Allgemeinen schlanker als Nichtraucher und haben

schlechtere Überlebenschancen. Vgl. dazu: Andrew Stokes und Samuel Preston, »Smoking and Reverse Causation Create an Obesity Paradox in Cardiovascular Disease«, *Obesity*, Vol. 23 (12), Dezember 2015, S. 2485–2490.

29 Das vorliegende Kapitel konzentriert sich auf den Lungenkrebs und lässt andere schädliche Folgen des Rauchens für die Gesundheit sowie andere Krebsarten und Herzerkrankungen außer Acht.

30 Über diese Nachricht sprach ich auch in meinem TEDx Talk, »How to Defend Yourself against Misleading Statistics in the News«, *TEDx Talks*, 3. November 2016, https://www.youtube.com/watch?v=mJ63-bQc9Xg.

31 Zondag met Lubach, »Moeten we misschien iets minder vlees eten?«, *VPRO*, 1. November 2015.

32 Martijn Katan, »NRC Opinie 29-10-2015: Vleeswaren en darmkanker«, http://mkatan.nl/columns-en-kranten/nrc-columns/524-nrc-opinie-29-10-2015-lees-dit-alleen-als-u-al-gezond-leeft.html.

33 World Health Organization, »Q&A on the Carcinogenicity of the Consumption of Red Meat and Processed Meat«, Oktober 2015.

34 Fritz Lickint, »Tabak und Tabakrauch als ätiologischer Faktor des Carcinoms«, *Zeitschrift für Krebsforschung*, Vol. 30 (1), Januar 1930, S. 349–365.

35 Fritz Lickint, *Tabak und Organismus. Ein Handbuch der gesamten Tabakkunde*, Stuttgart, 1939.

36 Richard Doll und Austin Bradford Hill, »A Study of the Aetiology of Carcinoma of the Lung«, *British Medical Journal* (13. Dezember 1952), 2(4797), S. 1271–1286.

37 Vgl. Proctor, *Golden Holocaust*.

38 Mehrere Gerichtsprozesse zwangen die Tabakkonzerne, ihre geheimen Dokumente zugänglich zu machen. Sie sind heute über die Webseite der Legacy Tobacco Documents Library einsehbar: https://www.industrydocuments.ucsf.edu/tobacco/.

39 @NationalReview auf Twitter: »The only #climatechange chart you need to see«, http://natl.re/wPKpro (h/t @PowelineUS, 14. Dezember 2015.

40 Roz Pidcock, »How Do Scientists Measure Global Temperature«, *CarbonBrief*, 16. Januar 2015.

41 »GISS Surface Temperature Analysis«, https://data.giss.nasa.gov/gistemp/ (Stand: 8. Januar 2018).

42 Roz Pidcock, »Scientists Compare Climate Change Impacts at 1.5C and 2C«, *CarbonBrief*, 21. April 2016.

43 Dabei handelt es sich um einen »gleitenden Mittelwert«, das bedeutet, der Wert wird für eine Periode von jeweils fünf Jahren berechnet. Dieser Zeitraum wird dann jeweils um ein Jahr verschoben.

44 »Statement by Darrell Huff«, Truth Tobacco Industry Document, einsehbar unter: https://www.industrydocuments.ucsf.edu/tobacco/docs/#id=pxmy0042.

45 Zitiert nach: Ben Christopher, »Why the Father of Modern Statistics Didn't Believe Smoking Caused Cancer«, https://priceonomics.com/why-the-father-of-modern-statistics-didnt-believe/.

46 David Salsburg, *The Lady Tasting Tea: How Statistics Revolutionized Science in the Twentieth Century*, New York 2002.

47 David Roberts, »The 2 Key Points Climate Skeptics Miss«, *Vox.com*, 11. Dezember 2015.

48 Claude Teague, »Survey of Cancer Research«, 1953.

49 World Health Organization, »WHO Statement on Philip Morris Funded Foundation for a Smoke-Free World«, 28. September 2017.

50 Oreskes und Conway, *Merchants of Doubt*.

51 Martijn Katan, »Hoe melkvet gezond wordt«, *mkatan.nl*, 30. Januar 2010.

52 Christie Aschwanden, »There's No Such Thing As ›Sound Science‹«, *FiveThirtyEight.com*, 6. Dezember 2017.

53 Vgl. Proctor, *Golden Holocaust*.

54 Alex Reinhart, »Huff and Puff«, *Significance*, Vol. 11 (4), Oktober 2014, S. 28–33.

5. Warum wir auch in Zukunft Zahlen nicht blind vertrauen sollten

1 Die Geschichte über Jenipher stammt aus dem TED-Talk von Shivani Siroya: »A Smart Loan for People with No Credit History (Yet)«, *TED.com*, Februar 2016.

2 Vgl. Cathy O'Neil, *Weapons of Math Destruction. How Big Data Increases Inequality and Threatens Democracy*, New York 2016; die deutsche Ausgabe ist unter dem Titel *Angriff der Algorithmen. Wie sie Wahlen manipulieren, Berufschancen zerstören und unsere Gesundheit gefährden* erschienen.

3 »BKR Score«, *bkr.nl* (Stand: 15. August 2018). Auf eine persönliche Anfrage am 13. August 2018 erklärt die BKR, dass der

FICO-Score sich mehr an dem Kreditnehmer orientiert, damit dieser sich mit ihm an den Kreditgeber wenden kann. Der BKR-Score ist hingegen eher für die Kreditgeber gedacht, damit dieser einschätzen kann, wie groß die Chance ist, dass ein Kunde innerhalb von achtzehn Monaten in das Kreditregister aufgenommen wird.

4 Gesichtserkennung hat im Übrigen auch etwas mit Zahlen zu tun, weil dabei das Gesicht vermessen wird.

5 »Data Never Sleeps 5.0«, *domo.com* (Stand: 14. August 2018).

6 Brian Resnick, »How Data Scientists Are Using AI for Suicide Prevention«, *Vox.com*, 9. Juni 2018.

7 Kaya Bouma, »Niet alles wat mogelijk is moet je willen«, *De Groene Amsterdammer*, 15. Juni 2016.

8 Celine Herweijer, »8 Ways AI Can Help Save the Planet«, *World Economic Forum*, 24. Januar 2018.

9 »No Longer Science Fiction: AI and Robotics Are Transforming Healthcare«, *PWC Global* (Stand: 15. August 2018).

10 Mallory Soldner, »Your Company's Data Could End World Hunger«, *TED.com*, September 2016.

11 Louise Fresco, »Zeg me wat u koopt en ik zeg wat u stemt«, *NRC*, 16. November 2016.

12 Marc Hijink, »Hoe bepaalt de verzekeraar hoe veilig jij rijdt?«, *NRC*, 5. April 2018.

13 Maurits Martijn, »Baas Belastingdienst over Big-Data: ›Mijn missie is gedragsverandering‹«, *De Correspondent*, 21. April 2015.

14 Julia Dressel und Hany Farid, »The Accuracy, Fairness, and Limits of Predicting Recidivism«, *ScienceAdvances*, 17. Januar 2018.

15 Yuki Kho, »Een dag uit het leven van een Foodora koerier«, *Vrij Nederland*, 22. Juni 2017.

16 Karlijn Kuijpers, Thomas Muntz und Tim Staal, »Vonnis te koop«, *De Groene Amsterdammer*, 17. Januar 2018. Der Roboterrichter ist inzwischen nicht mehr aktiv, siehe Tim Staal, »De rechtbank Overijssel weigert voorlopig om stempels af te geven«, *Investico*, 16. Februar 2018.

17 Brian Christian und Tom Griffiths, *Algorithms to Live by. The Computer Science of Human Decisions*, New York 2016.

18 O'Neil, *Weapons of Math Destruction*.

19 1959 definierte der amerikanische Informatiker Arthur Samuel den Begriff *machine learning* als Forschungsfeld, das Computern die Fähigkeit verleiht zu lernen, ohne speziell dafür programmiert worden zu sein.

20 »Our Story«, *zestfinance.com* (Stand: 14. August 2018).

21 »Zest Automated Machine Learning«, *zestfinance.com* (Stand: 14. August 2018).

22 Vgl. Karlijn Kuijpers, Thomas Muntz und Tim Staal, »U staat op een zwarte lijst«, *De Groene Amsterdammer*, 25. Oktober 2017.

23 Julia Dressel und Hany Farid, »The Accuracy, Fairness and Limits of Predicting Recidivism«, *ScienceAdvances*, 17. Januar 2018.

24 »Background Checking. The Use of Credit Background Checks in Hiring Decisions«, *Society for Human Resource Management*, 19. Juli 2012. Man kann sich einer Überprüfung theoretisch immer verweigern. Allerdings verringern sich dadurch die Chancen, die Stelle zu bekommen.

25 Amy Traub, »Discredited«, *Demos.org*, Februar 2013.

26 Last Week Tonight with John Oliver, »Credit Reports«, *HBO*, 10. April 2016.

27 In der bereits erwähnten Umfrage gaben 45 Prozent der Arbeitgeber an, dass sie damit Kriminalität verhindern, und 19 Prozent, dass sie die Zuverlässigkeit eines Bewerbers einschätzen wollten.

28 Jeremy Bernerth, Shannon Taylor, H. Jack Walker und Daniel Whitman, »An Empirical Investigation of Dispositional Antecedents and Performance Related Outcomes of Credit Scores«, *Journal of Applied Psychology*, Vol. 97(2), 2012, S. 469–478.

29 Kristle Cortés, Andrew Glover und Murat Tasci, »The Unintended Consequences of Employer Credit Check Bans on Labor and Credit Markets«, Working Paper no. 16-25R2, *Federal Reserve Bank of Cleveland*, Januar 2018.

30 »Wie mag mijn gegevens bekijken?«, *bkr.nl* (Stand: 14. August 2018).

31 Saskia Naafs, »Living Laboratories‹: The Dutch Cities Amassing Data on Oblivious Residents«, *The Guardian*, 1. März 2018.

32 Sean Illing, »Proof That Americans Are Lying About Their Sexual Desires«, *Vox.com*, 2. Januar 2018.

33 Seth Stephens-Davidowitz, *Everybody Lies. Big Data, New Data, and What the Internet Can Tell Us About Who We Really Are*, New York 2017.

34 »Alle Daten sind Kreditdaten«, behauptet Douglas Merrill in seinem TEDx-Talk »New credit scores in a new world: Serving the Underbanked«, https://www.youtube.com/watch?v=18CyX5sJx5I, 13. April 2012.

35 Kuijpers, Muntz und Staal, »U staat op een zwarte lijst«.

36 Federal Trade Commission, »Report to Congress Under Section 319 of the Fair and Accurate Credit Transactions Act of 2003«, Dezember 2012.

37 Lauren Brennan, Mando Watson, Robert Klaber und Tagore Charles, »The Importance of Knowing Context of Hospital Episode Statistics When Reconfiguring the NHS«, *BMJ*, 4. April 2012.

38 Jim Finkle und Aparajita Saxena, »Equifax Profit Beats Street View as Breach Costs Climb«, *Reuters*, 1. März 2018.

39 O'Neil, *Weapons of Math Destruction*.

40 »Stat Oil«, *The Economist*, 9. Februar 2013.

41 Ron Lieber, »American Express Kept a (Very) Watchful Eye on Charges«, *The New York Times*, 30. Januar 2009.

42 Robinson Meyer, »Facebook's New Patent, ›Digital Redlining‹, and Financial Justice«, *The Atlantic*, 25. September 2015.

43 »Stat Oil«, *The Economist*, 9. Februar 2013.

44 Chris Anderson, »The End of Theory«, *Wired*, 23. Juni 2008.

45 Jesse Frederik, »In de economie valt een appel niét altijd naar beneden (ook al zeggen economen vaak van wel)«, *De Correspondent*, 24. September 2015.

46 Erick Schonfeld, »Eric Schmidt Tells Charlie Rose Google Is ›Unlikely‹ To Buy Twitter And Wants To Turn Phones Into TVs«, *TechCrunch*, 7. März 2009.

47 Genauer gesagt: Der Algorithmus sollte die Anzahl der Arztbesuche vorhersagen. Siehe David Lazer, Ryan Kennedy, Gary King und Alessandro Vespignani, »The Parable of Google Flu: Traps in Big-Data Analysis«, *Science*, Vol. 343, 14. März 2014, S. 1203–1205. Diesen Artikel habe ich auch bei den folgenden Absätzen zu Rate gezogen.

48 Diese Korrelation ist übrigens nicht rein zufällig, denn die Basketballsaison beginnt an den High Schools ungefähr zur gleichen Zeit wie die Grippesaison.

49 Vgl. Tim Harford, *The Logic of Life. Uncovering the New Economics of Everything*, New York 2009, sowie Roland Fryer, Jacob Goeree und Charles Holt, »Experience-Based Discrimination: Classroom Games«, *The Journal of Economic Education*, Vol. 36 (2), 2005, S. 160–170.

50 »Planning Outline for the Construction of a Social Credit System (2014–2020)«, *China Copyright and Media*, 14. Juni 2014.

51 Vgl. https://de.wikipedia.org/wiki/Sozialkredit-System. Wikipedia verweist auf den ebengenannten Artikel.

52 Rogier Creemers, »China's Social Credit System: An Evolving Practice of Control«, *SSRN*, 9. Mai 2018.

53 Vgl. die Webseite von Alipay, *intl.alipay.com* (Stand: 15. August 2018).

54 Vgl. Rachel Botsman, »Big-Data Meets Big Brother as China Moves to Rate Its Citizens«, *Wired*, 21. Oktober 2017; Mara Hvistendahl, »Inside China's Vast New Experiment in Social Ranking«, *Wired*, 14. Dezember 2017.

55 Paul Lewis, »›Fiction is Outperforming Reality‹: How YouTube's Algorithm Distorts the Truth«, *The Guardian*, 2. Februar 2018.

56 »FTC Report Confirms Credit Reports Are Accurate«, *CISION PR Newswire*, 11. Februar 2013.

6. Wir bestimmen selbst, wie wichtig Zahlen sind

1 »Een glas alcohol is eigenlijk al te veel«, *nos.nl*, 13. April 2018.

2 Vgl. dazu meinen Artikel »Waarom slimme mensen domme dingen zeggen«, *De Correspondent*, 18. Juli 2018, sowie Tim Harford, »Your Handy Postcard-Sized Guide to Statistics«, *timharford.com*, Erstpublikation in der *Financial Times*, 8. Februar 2018.

3 Angela Wood et al., »Risk Thresholds for Alcohol Consumption: Combined Analysis of Individual-Participant Data for 599 912 Current Drinkers in 83 Prospective Studies«, *The Lancet*, Vol. 391, 14. April 2018, S. 1513–1523.

4 @VinayPrasadMD auf Twitter am 28. April 2018.

5 »Skills Matter: Further Results from the Survey of Adult Skills«, *OECD Publishing*, 2016.

6 »PISA 2012 Results: Ready to Learn Students' Engagement, Drive and Self-Beliefs (Volume III)«, *OECD Publishing*, 2013.

7 Sanne Blauw, »Waarom we slechte cijfers zoveel aandacht geven«, *De Correspondent*, 15. Juni 2017.

8 Sanne Blauw, »Het twaalfde gebod: wees je bewust van je eigen vooroordelen«, *De Correspondent*, 24. Februar 2016.

9 Dan Kahan, Ellen Peters, Erica Cantrell Dawson und Paul Slovic, »Motivated Numeracy and Enlightened Self-Government«, *Behavioural Public Policy*, Vol. 1 (1), S. 54–86. Vgl. auch Ezra Klein, »How Politics Makes Us Stupid«, *Vox.com*, 6. April 2014.

10 Die Testpersonen wurden nach ihren Sympathien für eine bestimmte politische Partei oder Ideologie befragt. Ihren Antworten nach teilten Kahan und seine Kollegen die Probanden – in Übereinstimmung mit der wissenschaftlichen Literatur –

in zwei Gruppen: die der »liberalen Demokraten« und die der »konservativen Republikaner«.

11 Beispiele für andere wissenschaftliche Untersuchungen mit dem gleichen Ergebnis finden sich in: Dan Kahan, Asheley Landrum, Katie Carpenter, Laura Helft und Kathleen Hall Jamieson, »Science Curiosity and Political Information Processing«, *Advances in Political Psychology*, Vol. 38 (S1), Februar 2017, S. 179– 199.

12 Beth Kowitt, »The Paradox of American Farmers and Climate Change«, *fortune.com*, 29. Juni 2016.

13 Ezra Klein, »How Politics Makes Us Stupid«.

14 »Een extra glas alcohol kan je leven met 30 minuten verkorten««, *AD*, 13. April 2018.

15 Kahan et al., »Science Curiosity and Political Information Processing«. Außerdem beziehe ich mich auf Brian Resnick, »There May Be an Antidote to Politically Motivated Reasoning. And It's Wonderfully Simple«, *Vox.com*, 7. Februar 2017.

16 Im Folgenden schreibe ich einfach Neugier, wenn ich eigentlich »Neugier auf Wissenschaft« meine.

17 Harford, »Your Handy Postcard-Sized Guide to Statistics«.

18 Boris Tabakoff und Paula L. Hoffmann, »Animal Models in Alcohol Research«, *Alcohol Alert*, Vol. 24 (2), 1994/2000, S. 77–84.

19 Chiara Scoccianti, Béatrice Lauby-Secretan, Pierre-Yves Bello, Véronique Chajes und Isabelle Romieu, »Female Breast Cancer and Alcohol Consumption: A Review of the Literature«, *American Journal of Preventive Medicine*, Vol. 46 (3), März 2014, S. 16–25.

20 *Richtlijnen goede voeding 2015*, De Gezondheidsraad (2015).

21 Roni Caryn Rabin, »Major Study of Drinking Will Be Shut Down«, *The New York Times*, 15. Juni 2018.

22 Roni Caryn Rabin, »Federal Agency Courted Alcohol Industry to Fund Study on Benefits of Moderate Drinking«, *The New York Times*, 17. März 2018.

23 Owen Dyer, »$100m Alcohol Study Is Cancelled amid Pro-Industry ›Bias‹«, *BMJ*, 19: Juni 2018.

Nachwort

1 Sanne Blauw, »Waarom je beter geluk dan rendement kunt meten«, *De Correspondent*, 20. März 2015.

2 »OECD Better Life Index«, http://www.oecdbetterlifeindex.org (Stand: 17. August 2018).

3   Tom Louwerse, »Peilingwijzer«, http://www.peilingwijzer.nl (Stand: 17. August 2018).

4   »AEA RCT Registry«, http://www.socialscienceregistry.org (Stand: 16. August 2018). Ein anderes Beispiel sind die registrierten Studien beim Center for Open Science.

5   Open Science Collaboration, »Estimating the Reproducibility of Psychological Science«, *Science*, Vol. 349, 28. August 2015.

6   Zum Beispiel das *International Journal for Re-Views in Empirical Economics*.

7   Geert Bors, »Leraar zijn in relatie (2): je bent je eigen instrument«, *Stichting NIVOZ*, 4. Juli 2018.

8   »Ich bin stolz auf meine Schüler. Allerdings bin ich der Einzige an der Schule, der so arbeitet«, @bijlesduits auf Twitter, 30. Mai 2018.

9   Sheila Sitalsing, »Dappere verkoopsters van de Bijenkorf bewijzen: protesteren tegen onzin heeft zin«, *De Volkskrant*, 22. Mai 2018.

10   »Steeds meer beoordelingen: ›Dit geeft alleen maar stress‹«, *Nieuwsuur*, 24. April 2018.

11   http://www.openschufa.de (Stand: 17. August 2018).

12   selbstauskunft.net/schufa.

Checkliste:
Was man tun sollte, wenn man auf eine Zahl trifft

1   Zu den sechs Fragen vgl. Harford, »Your Handy Postcard-Sized Guide to Statistics«, das letzte Kapitel aus *Wie lügt man mit Statistik* von Darrell Huff sowie den Artikel von Michelle Nijhuis, »The Pocket Guide to Bullshit Prevention«, *The Last Word on Nothing*, 29. April 2014, https://www.lastwordonnothing.com/2014/04/29/the-pocket-guide-to-bullshit-prevention/.

Quellen und Lesetipps

1   https://outoftheblauw.blogspot.com/

2   https://www.oikocredit.nl/

3   Charles Seife, *Proofiness. The Dark Art of Mathematical Deception*, New York 2010.

4   Jordan Ellenberg, *How Not to Be Wrong. The Hidden Maths of Everyday Life*, New York 2015.

5   https://www.bbc.co.uk/programmes/b006qshd

6   https://peilingpraktijken.nl/

7   http://stukroodvlees.nl/

8 Maurits Martijn und Dimitri Tokmetzis, *Je hebt wél iets te verbergen. Over het levensbelang van privacy,* Amsterdam 2016.

9 Daniel Kahneman, *Schnelles Denken, langsames Denken,* München 2012.

10 Philip Tetlock und Dan Gardner, *Superforecasting. The Art and Science of Prediction,* New York 2015.

»Das schiere Ausmaß der Football-Leaks-Enthüllungen
haben die Geschäftemacher dieses Sports in Angst und
Schrecken versetzt.« *The New Yorker*

ISBN
978-3-421-04827-1

Dieses Buch
ist auch als E-Book
erhältlich

Auch als Hör-
buch erhältlich.

In ihrem neuen Buch geben die SPIEGEL-Journalisten Rafael
Buschmann und Michael Wulzinger wieder exklusive Einbli-
cke in die zunehmend mafiösen Strukturen im Spitzenfußball.
Dabei erzählen sie auch die Geschichte des Whistleblowers,
der die spektakulären Enthüllungen möglich gemacht hat –
und dafür nun im Gefängnis sitzt. Sein Schicksal zeigt, wie
gnadenlos die Branche gegen jeden vorgeht, der ihr gefährlich
werden kann …

DVA

»Eines der besten Wirtschaftsbücher
der jüngeren Zeit.« *Manager Magazin*

ISBN
978-3-421-04823-3

Dieses Buch
ist auch als E-Book
erhältlich

Auch als Hör-
buch erhältlich.

Sie galt als der weibliche Steve Jobs. Mit ihrem milliarden-
schweren Start-up Theranos wollte Elizabeth Holmes die
Medizinindustrie revolutionieren: Ein einziger Tropfen sollte
reichen, um Blutbilder zu erstellen. Doch die Technologie hinter den schicken Apparaturen hat nie funktioniert. Pulitzer-
Preisträger John Carreyrou kam diesem gigantischen Betrug
auf die Spur und erzählt in seinem mehrfach ausgezeichneten
Bestseller die packende Geschichte seiner Enthüllung.

DVA